Le guide décapant des parents imparfaits

L'ÉCOLE MATERNELLE

Candice Kornberg-Anzel,
Cynthia Kafka · Camille Skrzynski

MARABOUT

À Sacha et Adam, mes petits élèves imparfaits en herbe.
Candice Kornberg Anzel

À Manon et à ma fille, qui m'ont inspirée par leur vécu en Maternelle.
Camille Skrzynski

À Léandre et Marissa, qui ont fait de moi une maman d'élève (parfaite) (ou presque).
Cynthia Kafka

SOMMAIRE

Quel type d'enfant avez-vous ?

- ❑ Mon enfant va entrer en Maternelle
- ❑ Mon enfant entre en Moyenne Section
- ❑ Mon enfant entre en grande section

Si vous avez coché la première case, poursuivez votre lecture, vous y trouverez des infos !
Si vous avez coché la deuxième case, poursuivez votre lecture, vous y trouverez des réponses !
Si vous avez coché la dernière case, poursuivez votre lecture, vous y trouverez des conseils !
Quoi que vous ayez coché, nous vous conseillons également de lire les tomes « Votre bébé de 0 à 3 ans », « L'éducation positive » ou « Le jeune papa » de la collection des Guides décapants des Parents Imparfaits.
Si vous attendez un autre enfant, lisez « La grossesse » de la même collection.

INTRODUCTION

Voilà, on y est. Votre bébé né aux environs d'hier seulement, votre tout petit, votre minuscule, va bientôt devenir adulte. En tout cas, c'est le sentiment que vous avez alors que vous voyez aimantée sur le réfrigérateur la liste de papiers à aller donner à la mairie pour son inscription à l'école maternelle. N'est-il pas bien trop petit, bien trop fragile, pour aller se frotter aux microbes des autres enfants et pour apprendre à devenir un élève ?

Va-t-il survivre dans la jungle de la cour de récré ? Et vous, allez-vous réussir à accepter de le confier à une femme (ou un homme) dont vous ne savez que le nom de famille et que vous n'avez pas pu choisir vous-même ?

Rassurez-vous, tous les parents se sont un jour posé toutes ces questions ! Ceux qui vous diront le contraire ont oublié (ou sont de fieffés menteurs…)

Depuis la grossesse, la culpabilité est devenue l'une de vos plus perfides amies. Et croyez-nous, avec l'entrée en maternelle, elle ne va pas vous lâcher !

Heureusement, vous avez ce merveilleux guide entre les mains ! La culpabilité ne vous abandonnera pas totalement, certes (plus jamais maintenant, sachez-le), mais au moins, vous pourrez dédramatiser légèrement les trois prochaines années, et même en rire.

L'école, c'est un passage obligé… Et ça va bien se passer. Alors, laissez-vous guider !

CHAPITRE 1

L'ÉCOLE MATERNELLE

ou la quatrième dimension

Il y a ce dont vous vous souvenez de l'école et qui vous fait soupirer d'envie. C'était bien ! Ils vont grandir, découvrir, profiter... Et puis il y a vos doutes d'enfant qui ressurgissent, vos angoisses de parent mêlées aux leurs... et toutes les zones d'ombre que l'on ne se rappelle pas. L'école, c'est un monde à part. Et on aimerait être une petite souris pour en découvrir les coulisses. Comme les équiper d'une caméra cachée reliée à notre téléphone pour suivre leurs journées en live semble exclu (dommage), il va falloir tenter d'imaginer pour en apprendre un peu plus.

NOS SOUVENIRS D'ÉLÈVE

• **Le goûter du matin,** les petites briques de lait et les gâteaux sur lesquels des mots qu'on ne savait pas lire étaient écrits.

• **Le gros savon jaune** dans les toilettes, sur lequel tout le monde frottait ses doigts.

• **La cour de récré** qui nous semblait immense.

• **Nos premières chansons** et récitations.

• **La gentille maîtresse** qui nous faisait faire la ronde.

• **La méchante maîtresse** qui criait fort.

• **L'heure des mamans,** qu'on attendait avec impatience.

• **Les œuvres d'art qu'on rapportait à nos parents.** (Mais où sont-elles donc passées ? C'est le moment de demander !)

• **La peinture** qu'on a l'impression d'avoir faite tous les jours.

• **L'odeur de colle.**

• **Les petits vélos** qu'on se dépêchait de prendre dans la cour, parce qu'il n'y en avait pas assez pour tout le monde.

Vous y êtes ? Alors maintenant, dites-vous qu'à peu de chose près (à part les gâteaux et les briques de lait), votre enfant va avoir les mêmes souvenirs... Donc, OUI ! ça va bien se passer !

— LES PROGRAMMES —
de l'école maternelle

Pour rire, vous pouvez tenter de lire les programmes de l'école maternelle. Juste pour rire. Ou pas, d'ailleurs. En découvrant les cinq domaines d'apprentissage, vous aurez l'impression que votre Bébé d'Amour est en réalité en train de préparer Polytechnique. Heureusement, on est là pour vous aider à y voir clair !

Domaine n° 1 : « Mobiliser le langage dans toutes ses dimensions »...

Vous y êtes, là, dans la quatrième dimension, non ? Mais, *grosso modo*, ça veut dire qu'on attend de l'enfant, à la FIN de l'école maternelle, qu'il sache parler correctement, sans avoir peur de prendre la parole et sans pour autant être un vrai moulin à paroles qui ne se soucie que de ce qu'il a à dire.

En gros, qu'il passe de : « Maman maman maman maman maman » en pointant du doigt un objet à : « Maman, peux-tu me passer le sel, s'il te plaît ? » (Oui, le rêve.)

Les enseignants vont également l'amener à une « culture de l'écrit ». Bon, on ne va pas passer de « Dora cherche Babouche » à Proust en un claquement de doigts, mais ils vont en prendre le chemin, petit à petit. Et avoir envie d'apprendre à écrire. Classe, non ?

Domaine n° 2 : « Agir, s'exprimer, comprendre à travers l'activité physique »

Non, ce n'est pas juste un titre pompeux pour dire qu'ils vont aller bouger leurs fesses sur un parcours dans une salle de jeux. L'idée, c'est qu'ils se découvrent en tant qu'individus. Qu'ils explorent l'espace, qu'ils investissent leur propre corps, qu'ils ressentent des choses nouvelles, qu'ils aillent au bout de leurs efforts, sans risques (et sans reproches !), qu'ils aident les autres et qu'ils se sociabilisent. Vaste sujet !

Domaine n° 3 : « Agir, s'exprimer, comprendre à travers les activités artistiques »

Non, on ne leur demandera pas d'analyser du Picasso. Personne de sensé n'est capable d'analyser Picasso, à part le garagiste quand il regarde le moteur (et encore, vu ses tarifs, il a dû faire une formation bac + 43). Mais, grâce à des repères communs (certaines œuvres musicales, cinématographiques...), les enseignants vont accompagner les enfants vers une culture personnelle. (Attendez-vous donc à ce qu'ils en sachent plus que vous. Et ça va piquer.)

Domaine n° 4 : « Construire les premiers outils pour structurer sa pensée »

Peu de risques que nos enfants recréent la station Mir avec des Lego® et des poulies. Quoi que... L'idée, c'est qu'ils comprennent les nombres et quelques caractéristiques géométriques basiques. Et même si ça n'a l'air de rien, il y a plus de boulot qu'on ne l'imagine !

Domaine n° 5 : « Explorer le monde »

Ne paniquez pas. Ne partez pas vivre dans le Larzac avec toute la famille. Il n'est pas prévu qu'ils partent découvrir les Amériques sur une caravelle, armés d'une boussole. Non, soyons clairs, l'instit n'y survivrait pas. Pendant ces trois années d'école maternelle, les enfants vont découvrir les objets, le monde qui les entoure, appréhender le vivant et le non-vivant, apprendre les matières qui constituent certains objets.

Bref, en entrant à l'école maternelle, Bibounet d'Amour est encore un tout-petit. Qui deviendra grand à l'issue de la grande section, à son rythme, tranquillement. Mais qui sera TOUJOURS votre bébé à vous, on n'a aucun doute à ce sujet !

#CommentÇaC'estPlusUnBébé?!

Les détails qui peuvent vite agacer une instit' et une ATSEM

Les boutons pression
(d'ailleurs, TOUTES les sortes de boutons !)

Les cagoules
(le mieux, c'est de laisser l'enfant avec toute la journée)

Les gants à doigts :
10 doigts x 27 élèves
= oui, 270 doigts à enfiler !

Les chaussures lumineuses ET musicales
*(qui jouent du Maître Gims...)

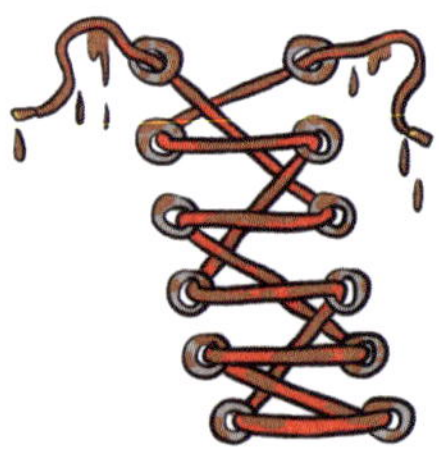

Les lacets à refaire
(tout mouillés et boueux tant qu'à faire)

La morve à moucher
(vite, avant qu'il la mange !)

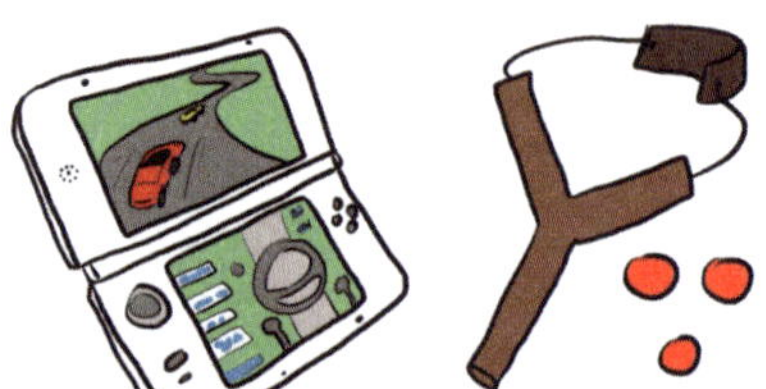

Les jouets ramenés en secret depuis la maison
(et qui provoquent la 3ème guerre mondiale dans la cour de récré)

Les manteaux qui traînent au milieu de la cour et qui n'appartiennent à personne. PERSONNE.

L'ATSEM :
qui est-elle, que fait-elle ?

Souvent oubliée par les parents qui ne la voient que peu ou pas du tout, l'Atsem a pourtant un rôle fondamental à l'école maternelle. Elle travaille dans l'ombre de la maîtresse ou du maître. C'est un peu la Miss Money Penny de James Bond, le Bernardo de Zorro, la Sophie de l'Inspecteur Gadget...

Et apparemment, elle est dotée de super-pouvoirs. Mais qui est-elle ?

Hypothèses :

• **Super-Nanny McPhee.** Elle réussirait à se faire aimer de tous les enfants.

• **Super-Nez.** Elle ne sentirait ni l'odeur du vomi, ni celle des pets foireux en pleine gastro (bon appétit). Mieux, elle nettoierait sans avoir de haut-le-cœur. Elle mérite un prix Nobel, non ?

• **Super-Cerveau.** Elle est le second cerveau de la maîtresse. C'est elle qui lui rappelle la date de la fête des Mères, le nom du propriétaire de l'écharpe égarée ou de celui qui est allergique à la banane.

• **Super-Mary Poppins.** Elle a toujours des ciseaux ou de la colle dans son matériel, peut rattraper un bouton défait ou faire tenir un maillot de bain trop grand.

• **Super-Chercheuse.** C'est à elle que l'on demande de retrouver le tee-shirt de Brandon-Roger ou le slip d'Émile-Alphonse. (Mais pourquoi a-t-il perdu son slip ? C'est une autre histoire.)

Parfois, des antihéros passent les mailles du filet. On les appelle Super-Ronchon, Super-Flemmarde ou Super-Antipathique. Mais rassurez-vous, la grande majorité d'entre elles s'occuperont de vos chères têtes (à poux) comme si c'étaient les leurs !

LE LEXIQUE CHELOU
de l'école

À partir du moment où votre enfant va passer, doudou en main et larmes dans les yeux, le portail de l'école maternelle, il faut vous mettre en tête que vous aussi entrez dans un univers parallèle, bien loin des souvenirs que vous en aviez. Parce qu'être parent d'élève, ce n'est pas tout à fait pareil que d'être élève. À commencer par ce lexique chelou qu'il va falloir comprendre, ou faire semblant de comprendre.

Atsem : agent territorial spécialisé d'école maternelle

Non, ce n'est pas un agent infiltré qui va leur faire préparer un triathlon, mais la (gentille) dame qui aide la maîtresse, prépare le matériel, accompagne les enfants pendant les activités, aux toilettes, à la sieste ou à la cantine.

AVS : auxiliaire de vie scolaire

Rien à voir avec les verbes « être » et « avoir ». S'il y en a un(e) dans la classe, c'est pour aider un enfant qui a plus de difficultés que les autres.

IA : inspection académique

C'est la hiérarchie des maîtres. Autant dire que d'un côté, ça leur sert à se dédouaner (exemple : « Il faut que j'en réfère à l'inspection académique » – sous-entendu : « J'en sais rien du tout ») et que de l'autre, ça les fait grave flipper (un peu comme un audit).

IEN : inspecteur de l'Éducation nationale (le boss de l'inspection académique)

En général, quand il doit venir, la maîtresse est en stress total. Même (surtout) si elle n'a rien à se reprocher. Les enfants diront : « Y'a un monsieur qui est venu s'asseoir dans la salle pour nous regarder, elle a dit d'être gentils comme d'habitude, mais elle, elle était bizarre, elle n'arrêtait pas de sourire. Même quand Louis-Gilbert, il a mis les doigts dans son nez. »

PAI : projet d'accueil individualisé

Vous en aurez besoin si votre enfant souffre d'une forte allergie, maladie ou handicap.

PPMS : plan particulier de mise en sûreté

C'est une procédure qui vise, comme son nom l'indique, à mettre les enfants en sécurité en cas de fuite de gaz dans une usine à proximité ou d'attentat. Peu de risques, mais comme il faut s'entraîner, ce jour-là, les enfants diront : « Trop chouette, on est restés assis dans la salle de jeux et on n'a pas travaillé. »

TOP 5

des vérités sur l'école maternelle

En exclusivité mondiale et intergalactique, vous allez découvrir cinq vérités sur l'école, histoire d'avoir une longueur d'avance sur les autres parents et de gagner en sérénité. Ou, en tout cas, de vous éviter quelques grosses boulettes. (Petite précision : cette liste n'est pas exhaustive.)

1 — Les histoires d'amour sont giga-importantes à l'école maternelle. Mais il faut bien intégrer le fait qu'un enfant peut avoir quatre amoureux le lundi et plus aucun le mardi. À ce stade, le psy n'est pas nécessaire (à la fac, ça deviendra en revanche peut-être un souci).

2 — Quand il y a « sortie équestre », habiller sa fille avec une jupette à volants et des petites chaussures vernies n'est PAS une bonne idée. Non seulement parce qu'on va se faire mal voir par les enseignants, mais également par sa propre progéniture, qui ne manquera pas de nous en rendre responsables (même si c'est elle qui a insisté pour porter les souliers qui brillent, l'enfant est un traître).

3 — Quand c'est écrit « sortie pique-nique jeudi », il FAUT apporter un pique-nique (oui, ça paraît logique, mais parfois, on se laisse dépasser !).

4 — Quand l'enfant dit qu'il a collé des gommettes, ce n'était pas JUSTE pour coller des gommettes (la plupart du temps). Inutile donc d'appeler l'inspection pour se plaindre que « la maîtresse, elle ne fait que leur faire coller des gommettes ».

5 — La maîtresse, contrairement à ce qu'en pensent les enfants, a une vie à l'extérieur de l'école. Vous serez donc peut-être amenés à la croiser au supermarché, au cinéma, voire, carrément fou, au resto. Aussi, évitez de hurler avant votre progéniture, en gloussant comme une dinde avant Noël : « Han ! La maîtresse, la maîtresse, la maîtresse ! » Ce serait mal vu, vraiment.

QUELLES QUESTIONS
poser à la rentrée vs quelles questions ne pas poser

De manière générale, ne posez pas de questions personnelles. Si nécessaire, attendez la fin de la réunion ou un moment informel pour demander à la maîtresse si Charles-Kévin connaît bien la chanson des escargots, parce que vous avez l'impression qu'il y a un mot différent de la version que vous chantiez étant enfant (franchement, tout le monde s'en tape, et les autres parents aussi ont envie de rentrer chez eux). Sachez-le, il y a de bonnes et de mauvaises questions.

Comment accompagner son enfant à la maison pour suivre les apprentissages de la classe ?

Bonne question. Et l'enseignant sera heureux de vous aiguiller !

Que pensez-vous de l'utilisation de la gourde pour le goûter ?

Mauvaise question. Si la gourde pouvait les garder, ses questions, d'ailleurs...

À quoi servent les rituels ?

Bonne question.. S'intéresser au boulot de l'instit sans émettre de jugement, voilà qui va la brosser dans le sens du poil et amener des révélations intéressantes.

Votre méthode d'apprentissage est-elle la bonne ?

(Très) mauvaise question. On ne porte pas de jugement sur la façon qu'a la maîtresse d'instruire nos enfants. Le corps professoral est, de façon générale, assez tatillon sur le sujet.

Avez-vous besoin d'accompagnateurs pour la piscine ?

Bonne question. La réponse sera oui, toujours. En revanche, mesurez bien les risques que vous prenez à la poser !

Quand vous dites « cahier bleu », vous parlez bien du violet ?

Mauvaise question. Bleu, c'est bleu. Et noir, c'est noir, il n'y a plus d'espoir.

Avez-vous besoin de matériel pour la classe ?

Bonne question. Mais attendez-vous à devoir conserver tous vos rouleaux de papier toilette vides, les petits pots et des morceaux de coton (non, ne demandez pas pourquoi, ce serait une mauvaise question !).

Les enfants ont-ils le droit d'aller faire pipi ?

Mauvaise question. Non, ce n'est pas parce qu'Eugène-Noël vous a dit qu'il avait envie de faire pipi mais que la maîtresse a dit non (et que, du coup, il est revenu avec son slip mouillé dans un sac en plastique) qu'ils n'ont pas le droit de s'y rendre au cours de la journée.

Pourquoi ne nous racontent-ils pas leur journée ?

Bonne question. On aimerait bien le savoir, d'ailleurs !

C'est pas Disney, la sortie de fin d'année ?

Mauvaise question. On n'est pas au CE de l'entreprise, là. Autant que faire se peut, la sortie de fin d'année sera pédagogique.

On peut vous ajouter sur Facebook, pour quand ils ont oublié un cahier ?

Mauvaise question. La maîtresse n'a pas de SAV.

10 PHRASES

à ne pas dire à son enfant le jour de la rentrée

C'est le grand jour ! Votre enfant a sans doute la boule au ventre depuis déjà deux semaines et se pose plein de questions. Qu'il rentre pour la première fois à l'école maternelle ou bien que ce soit déjà un vieux briscard des bancs d'école, il risque d'avoir un peu la trouille en arrivant devant les grandes portes de l'école le jour J. Essayez de le rassurer comme vous pouvez, mais l'année prochaine, faut pas déconner, vous pourrez le terroriser davantage en lui balançant ces phrases horribles !

1 « Enfin tu vas à l'école ! Ça va maintenant être les vraies vacances pour maman et papa ! »

2 « On vient te chercher ce soir, mais ne t'étonne pas si tu es le dernier et qu'il n'y a plus d'autres enfants... Tu resteras à faire des dessins avec l'animatrice. »

3 « Bon, aujourd'hui, il y a des épinards à la cantine. C'est pas comme à la maison, si tu les manges pas, tu vas crever de faim, on ne te donnera rien d'autre... Peut-être que tu pourras avoir du pain sec si t'es sage. »

4 « Tu n'as pas intérêt à te faire pipi dessus à la sieste, j'ai pas donné de vêtements de rechange à ta maîtresse. »

5 « Mince, tu es tombé sur la pire maîtresse de l'école. J'ai entendu dire qu'elle criait tout le temps. »

6 « Il est dans ta classe, lui, avec une tête de plus que toi ? Il a pas l'air commode, dis donc ! »

7 « T'as intérêt à faire attention à tes affaires, sinon t'iras à l'école tout nu. »

8 « C'est elle, ton amoureuse ? Mais elle est trop moche ! »

9 « Ne te plains pas, tu es juste en maternelle. Après, c'est vraiment la galère, tu as des devoirs tous les jours pendant 15 ans. »

10 « Je donnerais tout pour être à ta place, même si Audrey-Camilla, cette peste avec sa frange trop courte, me tapait dans les toilettes pendant la récré quand j'étais petite. »

— QU'EST-CE QUI SE PASSE —
en salle des maîtres ?

Depuis l'enfance, on se demande ce qu'il s'y passe, dans cette classe où on n'a pas le droit de rentrer. On imagine un monde bizarre, où les enseignants rechargent leurs batteries de cerveau afin de ne pas craquer avant la fin de journée, ou un espace féerique dans lequel eux aussi, ils jouent au toboggan et à la balançoire, vu qu'on ne les voit jamais prendre d'assaut les jeux dans la cour...

Pour en être sûre, l'équipe des *Parents imparfaits* a installé une caméra cachée dans la salle des maîtres.

Révélations...

• On y boit du café. Beaucoup de café.

• On y dit des gros mots, sans même chercher à les transformer en « mercredi » ou en « punaise des bois ».

• On utilise des acronymes par dizaines : « Nan, mais le PPRE de Raoul en CLIS, je l'ai fait passer à l'IA juste après le PPMS. » Ça ressemble à une discussion codée.

• On y parle des parents. Un peu comme les parents parlent des enseignants devant le portail.

• On jure après cette p*ù%+ de photocopieuse qui annonce encore un bourrage papier.

• On parle de programmes, de livrets et de conseils. Sérieusement.

• On rit en se racontant les anecdotes les plus mignonnes des élèves.

• On dit du mal des autres collègues. On peut être instit' et humain.

• On raconte son week-end, ses vacances, les histoires avec sa belle-mère.

• On joue à Candy Crush, ça fait du bien !

• On court parce que viiiiiiite, là, c'est la fin de la récré !

10 RAISONS
d'aimer l'école quand on est parent

1 De 8 h 30 à 16 h 30, on sait où ils sont et (presque) ce qu'ils font. Et on n'a pas besoin de les gérer.

2 Une fois les premiers pleurs passés, ils vont se faire des amis. Peut-être même qu'on retrouvera ces nouveaux copains au square et que nous, parents, on sera enfin exemptés de bac à sable (croisons les doigts).

3 À la cantine, ils vont manger des légumes qu'ils n'auraient même pas daigné regarder à la maison (ces ingrats).

4 Ils vont apprendre plein de nouvelles choses. Sans consentir à nous tenir informés de ce qu'ils apprennent, mais quand même.

5 Les jours de RTT vont VRAIMENT être des jours de repos (quand on arrivera à lâcher prise et à ne pas faire les courses et les lessives ce jour-là).

6 Ils vont apprécier la fin de la journée, donc l'heure des parents. Et ça fait du bien à l'ego d'être attendus, non ?

7 Écouter leurs nouvelles expressions, leurs blagues et voir leur personnalité se construire, c'est trop choupi (si, si, les premières années).

8 On va pouvoir pleurer d'émotion et de fierté à chaque spectacle, photo ou livret scolaire.

9 Alors qu'on étouffait, ensevelis sous les : « Maman, viens m'essuyer les fesses » et : « Papa, encore *Dora et les pingouins* », finalement, ils vont nous manquer.

10 Après une dure journée d'école, ils seront tellement cuits qu'il n'y aura pas de cinéma pour aller au lit (l'autopersuasion, c'est bon !).

Youhouuuu!!!
C'est la rentrée !
TUUUUT!
ÉCOLE

— LA RENTRÉE EN CHIFFRES —

D'après une étude scientifique très sérieuse menée par le MMTSHSCM, le jour de la rentrée est synonyme d'excès les plus fous, en tout genre. En exclusivité, voici les premiers résultats de cette enquête.*

4 810 MÈTRES. C'est la hauteur du mont Blanc, que l'on pourrait entièrement recouvrir avec les mouchoirs consommés en ce jour de rentrée.

12. C'est le nombre de piscines municipales que l'on pourrait remplir de larmes d'enfants accrochés à la porte et de mamans cachées derrière le portail de l'école.

72. C'est le nombre d'heures où l'on pourrait faire briller la tour Eiffel juste grâce au stress engendré par la rentrée, si on réussissait à convertir l'appréhension en énergie (tiens, d'ailleurs, on pourrait y penser, non ?!).

146. C'est le nombre moyen de fois où chaque enseignant de toute petite section prononcera la phrase : « Tout va bien se passer » entre 8 h 20 et 9 h 07. Aux parents, bien sûr.

120 DÉCIBELS. C'est la plus haute intensité de son enregistrée par un seul enfant criant qu'il veut rentrer chez lui. « TOUT DE SUİTE ! » (Oui, c'est l'équivalent du bruit lors d'un concert de rock, et alors ?!)»

2. C'est le nombre d'heures que votre enfant a passées à réfléchir à sa tenue et à imaginer le pire (culotte coincée dans la robe, copine pas dans la même classe) la veille de la rentrée.

127. C'est le nombre de tubes de colle fichus à la poubelle en une journée (on ne sait toujours pas s'ils sont utilisés ou mangés par des enfants qui aiment ça).

359. C'est le nombre de fois où chaque parent pensera à son enfant en se demandant si ça se passe bien.

* MMTSHSCM = Moi-même toute seule hier soir chez moi.
(Chiffres totalement inventés, donc n'espérez pas briller avec cette étude demain matin devant la directrice de l'école !)

456. C'est le nombre de fois où les élèves d'une classe vont prendre la parole pour ne rien dire. « Moi, moi, moi Maîtresse !... Et bah tu sais, moi j'ai un chien. »

14. C'est le nombre de minutes où chaque enfant écoutera VRAIMENT ce qui se passe en classe. Faut se remettre dedans en douceur, quoi.

• C'est également le jour où le plus de parents chantent *Libérée, délivrée* tout en dansant la carioca (juste avant de s'effondrer en larmes à leur bureau en attendant 16 h 30 **(chiffre non divulgué)**.

— LA RENTRÉE —

Sa tenue est prête et elle espère qu'on la remarquera.
Elle est même allée chez le coiffeur pour être toute jolie.
Elle l'attend avec impatience, cette rentrée ; deux mois d'été, c'est long, très long, trop long, et elle a hâte ! Mais, en même temps, tous les soirs, depuis une semaine, elle se demande comment va se passer le jour J, en imaginant le pire...

Et si elle arrivait en retard, les cheveux hirsutes, la robe coincée dans la culotte ? Et si, comme dans son rêve des dernières nuits, elle déboulait avec des chaussures dépareillées ou, pire, des chaussons ? Et si, à cause du stress, elle se mettait à pleurer devant tout le monde ? Et si elle finissait avec une longue traînée de morve dans les cheveux et qu'elle ne s'en rende compte qu'après 16 h 30 ? Et si elle était habillée pareil que Lucie ? Et si la tête de la maîtresse ne lui revenait vraiment pas ? Et si les poux étaient en avance et donc déjà de retour ? Et si les parents n'avaient pas le droit d'entrer faire un dernier bisou dans la cour ?

Pourtant, elle va tenter de ne rien montrer de ses craintes.
Même si c'est stressant, la rentrée... pour une maman.
Il faut qu'elle soit forte pour ne pas stresser ses enfants !

— MAITRISEZ-VOUS —

le vocabulaire scolaire ?

E	Z	L	A	O	D	W	N	Ç	R
R	D	E	T	E	E	V	L	R	E
D	D	E	S	E	S	S	L	I	C
N	E	S	E	N	S	I	C	R	R
E	C	S	M	I	I	E	O	V	E
R	O	E	L	T	N	S	M	U	A
P	U	R	W	N	N	T	P	O	T
P	P	T	M	A	O	E	T	C	I
A	E	I	T	C	I	Ç	E	E	O
W	R	A	R	N	T	W	R	D	N
M	D	M	T	D	A	L	U	S	E
P	B	U	D	Z	R	M	E	Z	N
M	R	K	L	H	T	C	C	R	I
E	N	I	G	K	N	W	H	E	T
Z	P	X	A	A	E	Z	A	T	P
Z	X	B	C	Z	C	J	N	U	M
K	H	A	R	V	N	R	T	O	O
I	V	Z	E	E	O	Y	E	C	C
L	T	A	B	I	C	J	R	E	Y
E	D	T	E	B	A	H	P	L	A

ALPHABET
APPRENDRE
ATSEM
CANTINE
CHANTER
COLLER
COMPTER
COMPTINE
CONCENTRATION
COPAIN
COPINE
DECOUPER
DECOUVRIR
DESSIN
ECOUTER
GOUTER
MAITRESSE
PEINTURE
RECREATION
SIESTE
TABLEAU
VACANCES

CHAPITRE 2

LA PETITE SECTION,

ou quand Petit Chéri quitte le monde des bébés

Voilà. On y est presque. Choupinou est inscrit à l'école maternelle, voire à la cantine. Stress, angoisse, Lexomil® et... (silencieux) cris de youpi, on va pouvoir retrouver un semblant de vie sociale entre 8 heures et 16 heures. Cette première année marque un vrai changement, transformant le bébé joufflu en un enfant qui se sociabilise. Vous aussi, parents, allez évoluer. Courage, prêt, feu... C'est la rentrée !

— DE LA CRÈCHE —
à l'école maternelle : qu'est-ce qui change vraiment ?

Si votre enfant était à la crèche, vous pourriez avoir tendance à vous dire que, finalement, il n'y a pas grand-chose qui va changer. Sachez que vous vous mettez le doigt dans l'œil jusqu'au coude. Passer de la crèche à l'école, c'est comme passer du Minitel à l'Internet haut débit sans avoir tout compris.

La taille de l'établissement

Si, à la crèche (ou chez la nounou), vous déposiez votre chérubin dans une sorte de nouveau cocon, là, vous allez avoir le sentiment de le lâcher en pleine jungle. La cour est immense, il y a des enfants bien plus grands partout et le bruit est fatalement proportionnel à la taille des lieux. Ça donnerait presque envie de faire demi-tour en courant. Mais, promis, on s'habitue (un peu).

La tenue

À la bourre, vous laissiez Louis-Gontran en pyjama et en chaussons et, parfois (si, avouez, on est entre nous), vous faisiez même semblant de ne pas avoir senti l'explosion nucléaire en fond de couche. À l'école, la tenue du matin sera celle de la journée. Pas moyen de lui mettre un short pour le cas où il ferait beau dans l'après-midi. Au mieux, une culotte de rechange dans le sac à dos Oui-Oui sera la seule chose à laquelle vous aurez droit. Alors prévoyez large ! (Mais ne culpabilisez pas si vous le mettez en sandalettes à 8 heures et qu'il pleut à 10 heures, ça arrive à tout le monde.)

Le débriefing de la journée

À la crèche, vous ne partiez pas sans un compte rendu détaillé : « Alors, il a bien mangé, il est allé à la selle deux fois aujourd'hui et il a un peu pleuré parce qu'il voulait son doudou vers 14 h 32, mais à 14 h 34, il s'était endormi. » À l'école, vous ne saurez PLUS RIEN. Du tout. Et entre le débrief façon FBI et le néant, y'a comme un gouffre. « Il a bien mangé ? », tenterez-vous les premiers soirs. Ce à quoi le maître vous répondra que ça, c'est avec les dames de la cantine qu'il faut voir. Sauf qu'elles seront déjà parties.

Une seule maîtresse pour autant d'enfants ?

Oui, sur le coup, c'est flippant. L'espace de quelques secondes, vous vous imaginez avec 27 enfants dans votre salon, et... Oh, *wait*. Soupir de soulagement. C'est son métier, elle est habituée, et rien ne vous oblige à tous les inviter à passer le week-end à la maison.

L'apprentissage

Oui, il faisait plein de choses à la crèche ou chez la nounou. Là, il va apprendre bien plus rapidement... les bonnes choses, mais aussi quelques gros mots (« Espèce de patate poilue, uh uh uh ! ») et les bêtises... Bon, allez, ça aussi, ça fait partie du jeu !

PRÉPARER LA RENTRÉE

Eh oui, une première rentrée, ça se prépare en amont ! Pour ne pas être pris au dépourvu, voici un petit questions-réponses qui devrait vous aider.

À quel âge entre-t-on en maternelle ?

Dès 3 ans, mais il y a des classes spécifiques pour l'accueil des enfants de 2 ans et demi. Le mieux est de vous renseigner à la mairie de votre domicile. Notez que l'école n'est pas obligatoire en maternelle (mais que ça a plein d'avantages non négligeables !).

L'inscription

L'inscription se fait au plus tard au mois de juin qui précède la rentrée scolaire de votre enfant, à la mairie, qui vous donnera un certificat d'inscription une fois que vous aurez rendu les documents nécessaires (livret de famille, carte d'identité, justificatif de domicile et carnet de vaccinations obligatoires à jour). Ensuite, vous rencontrerez le directeur ou la directrice de l'école. Une bonne manière de visiter les lieux où Bébé d'Amour va passer les trois prochaines années !

La propreté en question

C'est LA source d'angoisse première de tout parent. Mon chouchounet va-t-il être propre pour la rentrée ? Ne vous inquiétez pas et faites-lui confiance. Dès les beaux jours, laissez-le au maximum les fesses à l'air pour qu'il aille au pot le plus vite possible et ne dramatisez pas les accidents. Même s'il y en a quelques-uns à la rentrée, le fait de devenir un grand va l'aider !

La préparation par les livres

Que ce soit pour le stress de la rentrée ou pour la propreté, de nombreux ouvrages pourront aider votre enfant, et vous aussi par la même occasion ! Il y a sûrement des héros de collections qui racontent qu'il ne faut pas avoir peur, alors... bonne lecture !

Votre préparation

Faire le deuil du petit bébé... C'est peut-être finalement le plus compliqué. Même s'il sera pour toute la vie votre Bébé d'Amour à vous, il faut accepter qu'il grandisse et l'accompagner. Vous verrez, il y a aussi plein de choses sympas à découvrir en grandissant !

Kit du nécessaire du jour J

Être enfin prêt pour la rentrée en Maternelle

Entourez en vert le nécessaire pour une rentrée en Petite Section
et barrez en rouge les pièges !

Réponses ! Le nécessaire : Sac-à-dos mignon-rigolo, un tablier pour les activités manuelles, un goûter tout bio tout bien, une photo de maman et papa qui t'aiment fort, le doudou pour la sieste, le papier d'assurance scolaire avec la Responsabilité civile, une tenue de rechange au nom de l'enfant, une boîte de mouchoirs, un slip ou une culotte en cas de petit accident, des fournitures scolaires éventuelles selon les souhaits de l'école.

Les pièges : La bague de mariage de maman (qu'elle cherche partout depuis des semaines) pour offrir à sa meilleure amie, une hache (no comment), le dentier de Tata Lucette, le hamster pour le montrer aux nouveaux copains et à la maîtresse (c'est sûr, elle va l'adorer !), un goûter pas bio pas bien.

— TEST —

Êtes-vous prêt pour l'école ?

Prêt ou non, vous direz-vous, l'heure, c'est l'heure ; on ne va pas pouvoir retarder la rentrée de quelques jours sous prétexte qu'on ne l'est pas encore : « Attends, calendrier scolaire, je repars en vacances ! » Néanmoins, grâce à ce petit test, vous saurez à quel degré vous avez envie que la rentrée se pointe… et si vous pourrez l'assumer.

1. Quel mode de garde avez-vous depuis la naissance de votre bébé ?

A) Vous aviez pris un congé parental, hors de question que quelqu'un d'autre s'occupe de lui.
B) Il allait chez la nounou, où vous pouviez le récupérer dès le travail fini.
C) Il allait à la crèche. Histoire de s'habituer à ne pas être le seul bébé. Oui, même vos jours de RTT.

2. Parlons propreté.

A) Choupinou n'est pas encore prêt. Il faut dire que vous aimez tellement ces moments où vous lui faites des bisous-prouts sur le ventre que vous lui mettez encore la couche régulièrement.
B) Choupinou est en bonne voie, vous l'avez laissé autonome (et sans culotte) tout l'été.
C) Choupinou est propre ! Il faut dire que vous bossez dessus depuis mai dernier, pas moyen d'y échapper !

3. La date de la rentrée…

A) … sonne comme le glas du condamné. Vous avez une boule dans la gorge rien que d'y penser.
B) … est notée, là, quelque part, au milieu des papiers, mais il reste quelques jours avant de s'en occuper.
c) … est entourée et fluotée dans le calendrier. « Libérééééés, délivrééééés ! », avez-vous envie de chanter.

4. Que pensez-vous faire le jour de la rentrée ?

A) Pleurer en attendant l'heure de la sortie, en mangeant du chocolat et en regardant la vidéo de l'accouchement.
B) Travailler en pensant à votre petit chéri de temps en temps.
C) Massage, shopping, larvage dans le canapé ou Playstation… Peu importe, ça sera une journée de bonheur à ne penser qu'à soi !

5. Quand vous regardez une photo de votre bébé à la maternité...

A) ... vous éclatez en sanglots. Qu'il était petit, qu'il sentait bon... Mais où est-il passé ?
B) ... vous souriez, avec nostalgie. Il a bien grandi !
C) ... vous vous souvenez des pleurs, des cernes, des couches. Ouf, il grandit !

RÉPONSES

Vous l'avez deviné, **si vous avez un maximum de A)**, vous n'êtes pas du tout prêt(e) pour la rentrée. Il va falloir couper le cordon !

Si vous comptabilisez un maximum de B), c'est que vous êtes en bonne voie pour accepter ce passage obligé.

Si vous avez un maximum de C), en théorie, vous êtes prêt(e). Mais attention, être prêt(e) et en avoir envie ne signifie pas que vous êtes préparé(e) à laisser votre tout-petit en classe... Pleurera bien qui pleurera le dernier !

— LES 8 STRATÉGIES —
pour qu'il ne hurle pas à la mort à l'école

Sachez, parents, que l'image du nez de votre progéniture collé sur la vitre de la classe, la morve retapant tout le carreau et les larmes dans les yeux, est la pire du monde pour commencer une journée. Ventre noué, vous risquez fort de ne penser qu'à ça jusqu'au moment de le récupérer. Un peu comme quand vous avez regardé L'Exorciste *en douce à 12 ans et que vous avez dû vous coucher ensuite comme si de rien n'était (le bruit en moins). Voici donc, pour lui, mais surtout pour vous, quelques stratégies pour éviter qu'il ne se transforme en loup-garou par nuit de pleine lune.*

1 La veille, préparez-le à cette nouvelle journée qui va commencer en énumérant avec lui tout ce qu'il va faire et en lui rappelant que le lendemain soir, vous serez de nouveau réunis. Recommencez le lendemain matin.

2 Laissez-lui le temps de se réveiller tranquillement et de commencer la journée sereinement. Si vous arrivez en hurlant dans sa chambre que « Viiiiiite, on est à la bourre PUnaise de BORDetrottoir de MERcredi ! », l'enfant sera chafouin. On le serait à moins.

3 Laissez-le décider d'un vêtement « doudou ». Si Choupinette veut enfiler son tee-shirt à licorne qui pète des paillettes, après tout, sous le pull, ça ne se verra pas, et elle aura envie d'aller à l'école ! (Au moins le temps de montrer les paillettes.)

4 Vérifiez que Doudou est là.

5 Armée d'un joli rouge à lèvres, embrassez un bout de papier et mettez-lui le bisou secret dans la poche de son pantalon. Comme ça, il aura toujours un bisou magique près de lui, s'il en a besoin.

6 Arrivez tôt à l'école, pour qu'il ait quelques minutes de calme dans une classe pas trop surchargée. Parce que franchement, vous ne flipperiez pas, vous, en arrivant dans une pièce avec 29 inconnus surexcités ? Eh ouais !

7 Évitez de commencer à pleurer en premier, et ne faites pas dans les adieux déchirants comme si vous vous quittiez jusqu'à sa majorité. Plus vous serez zen, mieux ça se passera.

8 Sinon, demandez à papi ou à mamie de l'accompagner le matin... Au mieux, ça fonctionnera. Au pire..., vous n'aurez pas l'image du nez collé contre la vitre en tête !

L'école a commencé...

... vivement les vacances cet été !

LA CANTINE,
ou l'heure des grandes découvertes...

Il y a l'école, certes. Mais, à la rentrée, un autre monde parallèle va s'ouvrir à votre petit chéri. Un peu comme Christophe Colomb qui tombe sur l'Amérique alors qu'il cherche le camembert, votre enfant va devoir prendre une entrée, un plat, un fromage et un dessert, au moins une fois dans la journée ! La cantine, c'est l'heure des grandes découvertes... Alors, qu'est-ce que ça va changer à la maison ?

• Il va découvrir des légumes qu'il ne mange jamais à la maison et qu'il va vous signaler avoir aimés, « mais que à la cantine, parce que toi, tu les fais pas pareil, euh » (grrrr).

• Il va découvrir ce que manger dans le bruit signifie. Ce qui fait qu'il va hurler dès qu'il sera à table, quand bien même il est enfant unique (et qu'il n'y a plus aucun bruit).

• Il va découvrir que goûter à tout, c'est vraiment, vraiment à TOUT. Mais, comme avec les légumes, ça ne marchera pas à la maison.

• Il va découvrir que les plateaux télé, c'est le maaaaal. Parce qu'il faut manger équilibré. Il se transformera donc en diététicienne dès qu'il arrivera à la maison, et vous assénera avec la voix de Michel Cymès ce qu'il voit le matin à la télé « Pour bien grandir, ne mange pas trop gras, trop salé, trop sucré » pendant que vous serez en train de vous engloutir la bonbonne de chantilly à même le goulot. Comme quoi les mettre devant la télé ça a du bon, non ?

• Il va découvrir que d'autres enfants mangent beaucoup moins bien que lui. Et tentera donc, lui aussi, de jeter des cuillères de riz.

• Il va découvrir qu'il n'est plus un bébé et que s'il est fatigué, tant pis, personne ne lui donnera la compote à la cuillère. Il va donc se rendre compte... qu'il peut se débrouiller !

— LETTRE OUVERTE —
aux affaires perdues

Chère cagoule verte perdue dans les toilettes,
Cher tour de cou à rayures égaré sur le portemanteau de la voisine,
Chère paire de gants en laine dissimulé dans la cour de récré,
Cher crayon à papier HB gisant sous l'établi,
Cher gilet à capuche planqué sous un banc,
Chère paire de ciseaux à bouts ronds glissée dans la trousse du copain,

Fini la rigolade ! Nous, parents, avons décidé de mener une bataille sans merci contre celles et ceux d'entre vous qui s'aviseront de se faire la malle.

Voici nos revendications :
Nous refusons d'acheter tous les week-ends des pantalons à nos enfants parce que ceux-ci se sont « troués tout seuls ».
Nous refusons d'acheter 18 tubes de colle parce que les bouchons ne « se vissent pas bien » et que la colle, ça sèche.
Nous refusons d'acheter une boîte de feutres tous les 10 jours parce que « les capuchons ont décidé d'aller voir si l'encre d'à côté est plus verte que chez eux ».

Et pour les deux qui rigolent au fond de la trousse, on vous prévient : si le moindre d'entre vous essaye de se faufiler par-dessus la rambarde, tente une escapade sous un banc ou encore s'échappe sur un portemanteau autre que celui de son propriétaire, nous vous retrouverons. Nous vous traquerons un à un s'il le faut. On est comme ça nous, on ne lâche pas l'affaire !

— LA JOURNÉE TYPE —
de l'écolier

8 H 20 Il est encore en mode guimauve sur le canapé et mange sa brioche mollement. Il entend de loin des voix qui semblent crier quelque chose comme « Mets ton manteau Jules-Bertrand, ça fait dix fois que je te le dis !!! ». Il a envie de faire pipi. Il ne trouve plus son doudou. Il veut terminer son dessin. Bref, il fait chier !

8 H 35 Il fait encore un 28e bisou à son papa qui l'a accompagné. Il installe son étiquette sur laquel il a reconnu Pierre-Barnabé et essaye de reconnaître ceux des copains. Il fait un puzzle de 20 pièces mais s'arrête à la troisième pièce (2 minutes 25), il enfile des perles (au sens propre 3 minutes 18), il dessine ce qui semble être une fleur ou un papillon (2 minutes 07), il regarde un livre sur les planètes (1 minute 39) il joue avec les poupons et la dinette (4 minutes 43). Il profite de ce moment pour se détendre, rêver, se réveiller ou s'exciter ça dépend des jours et des copains qui sont arrivés (11 minutes 34).

9 H 30 Il participe aux rituels de la classe passivement, en regardant les dessins des bonhommes affichés dans la classe et la fresque de Noël. Il lève la main 10 fois en 25 secondes minutes pour demander à être chef de rang à la cantine.

10 H 30 Cours de motricité : il ressemble à un pantin désarticulé qui essaye tant bien que mal de faire des gestes coordonnés mais sans succès. Il joue au jeu de la statue mais n'arrive pas à se retenir de rigoler quand la maîtresse le chatouille sous les bras.

11 H 30 Il touche à peine à son poisson pané. Enfin, il mange tout ce qui est autour du poisson. Il construit un chemin de lentilles en pensant à l'histoire du Petit Poucet que la maîtresse lui a lue hier. Il se demande si ses parents vont le laisser dans la forêt à la prochaine ballade s'il se coupe encore les cheveux tout seul.

13 H 30 Il dort (le bonheur) ou il embête Marcel-Jonas pendant la sieste en lui tirant sur son tee shirt. Il invente des histoires de « monstre qui mange de la soupe aux cailloux mais en fait y avait un avion donc le monstre il est parti avec le serpent et le tigre ». Oui, l'enfant de maternelle à une imagination débordante mais pas toujours structurée.

14 H 30 Il met de la peinture partout sauf sur la feuille. Il essaie de faire une crotte de nez géante avec un boudin de pâte à modeler verte et se balade dans la classe en faisant blêmir d'horreur ses camarades qui ont les mêmes qui pendent au bout du nez.

15 H 30 Il attend sagement que sa nounou/ses grands-parents/ ses parents/ l'animateur du centre aéré viennent le chercher avec des chouquettes. Sagement, c'est-à-dire qu'il court partout dans la classe.

#C'estPasMoi C'estMonAmiImaginaire !

— RENCONTRE —
avec l'ami imaginaire

Je le regarde. Il me regarde. On se regarde. Je ne pensais pas qu'il ressemblait à ça, l'ami imaginaire. J'ai un peu chaud, j'ai envie d'un café. Mais je dois commencer l'interview, de façon professionnelle.

Bonjour, l'ami imaginaire. Je suis ravie de vous rencontrer. Mais, dites-moi, ressemblez-vous toujours à George Clooney ?

(Rires.) Non, c'est rien que pour vous. C'est assez rare que je sois aussi adulte, je prends l'apparence que l'on veut bien me donner.

Oh ! (Bien sûr, what else !) Alors, à qui ressemblez-vous le plus souvent ?

Souvent, je suis un petit garçon ou une petite fille, mais, parfois, je suis aussi un chat, une oie, un gentil fantôme ou un pingouin. Cela dépend des envies ou des besoins des enfants que j'accompagne.

Vous prenez place dans une famille et y devenez LE meilleur ami, au grand dam des parents qui ne vous voient pas. N'est-ce pas bizarre ?

Il vaut mieux que les parents ne croient pas en moi. Sinon, je serais à la fois Brad Pitt et Angelina Jolie. Vous imaginez le bazar ?

Quel est votre rôle alors ?

Je suis le premier lien social de certains enfants. Je protège, je rassure, je console. J'écoute les histoires, j'en raconte aussi. Et puis, surtout, même si les parents ne sont pas dupes, c'est moi que l'enfant désigne quand il commence à faire des conneries. C'est de bonne guerre.

Pendant combien de temps êtes-vous en mission auprès d'un enfant ? Quand savez-vous que vous devez vous éclipser ?

J'arrive quand il a encore des difficultés à communiquer avec son entourage, et je reste jusqu'à ce qu'il soit à l'aise. Puis je m'éloigne petit à petit quand il a des amis fiables ou qu'il a pris confiance en lui. En général, avant 6 ans, je me fais la malle. Mais je reviens parfois juste pour jouer un peu.

Donc, vous êtes d'utilité publique ?

Tout à fait. Et totalement gratuit. Je suis bien mieux qu'un psy ! Bon, alors, on se le boit, ce café ?

#Deuildesgrassesmat'

QU'EST-CE QUI CHANGE
quand on devient parent d'élève ?

Vous avez surmonté sans broncher la rentrée scolaire avec brio, son lot de surprises et de galères. C'est maintenant le moment de passer à l'étape supérieure en devenant un super-parent d'élève ! Et il y a plusieurs choses qui vont changer....

Vous ne pouvez plus être en retard.

Vous deviendrez marathonien et apprendrez à courir plus vite que votre ombre le matin pour que votre marmot soit à l'heure en classe. Si, les années précédentes, vous arriviez à la crèche ou chez la nounou avec quelques minutes de retard, il n'y avait pas ou peu de conséquences. Là, la gardienne de l'école vous affichera d'un joyeux : « Eh bien alors, le papa d'Hugo-Bernard, vous êtes encore en retard... ! », et vous serez même convoqué *illico presto* par la gentille maîtresse qui vous expliquera que le matin, les premières 20 minutes, c'est « jeux libres ». Ça veut dire que votre enfant rentre progressivement, à son rythme, dans la vie de sa classe et qu'il a donc besoin d'être à l'heure pour pouvoir émerger tranquillement. S'il arrive à l'heure du regroupement, c'est comme si vous arriviez à votre première réunion de travail sans avoir pris votre café. Rude, non ?

Votre enfant est PROPRE.

En tout cas, c'est la condition sine qua non pour qu'il soit scolarisé. Il fait encore pipi la nuit ? Ça, on s'en fout. L'important est qu'il ne fasse pas caca en pleine classe ou pipi sur le vélo à 4 roues pendant la récré. Normalement, vous en avez bavé, mais ça y est, vous avez enlevé la couche la journée, et quel bonheur ! Désormais, vous nettoyez les fesses de votre enfant debout, ça change !

Vous n'avez plus de « transmission » tous les jours.

Terminé les « Océane-Gertrude a mangé tout son steak haché et elle a beaucoup aimé notre activité de peinture aux doigts ». Désormais, il faudra s'en remettre à votre loulou qui aura, ou non, envie de vous raconter sa SUPER-JOURNÉE.

Vous pouvez accompagner votre enfant en sortie scolaire.

Cool ! Vous aurez la possibilité, si vous êtes chanceux, de vous faire hurler dessus par 28 enfants en même temps, tout ça en vérifiant qu'aucun d'eux n'a été oublié dans l'autocar ou ne joue avec une crotte de chien dans le caniveau, pendant que votre enfant criera encore plus fort que les autres : « Non, elle me donne la main à moi, c'est MA maman ! »

Vous ne payez plus pour qu'on garde votre petit loup.

C'est peut-être l'un des points les plus positifs de notre système scolaire. Nos enfants sont pris en charge « gratuitement » par des enseignants qualifiés et passionnés. L'école est gratuite pour tous (sauf évidemment si vous avez opté pour une école privée). À vous les dîners et week-ends en amoureux pour fêter ça, maintenant que vous avez récupéré ce budget !

Vous prenez des « rendez-vous parent-prof ».

En milieu d'année, ou en fin d'année si l'enseignant ne rencontre pas de difficultés majeures, alors nulle raison d'être convoqué. Mais vous pouvez évidemment faire la demande d'un rendez-vous afin d'en savoir un peu plus : « Mon enfant a-t-il des amis ? », « Est-il au même niveau que le reste de la classe ? »

Vous faites partie de la bande des parents d'élèves.

Un petit café avec le papa de Lucie-Armelle à 8 h 35 avant d'aller au bureau, un petit message à la maman de Paul-Thadé pour confirmer l'anniversaire de samedi prochain, un petit coucou au papa de Tilal-Germain en passant pour prendre des nouvelles de son fils qui s'est cassé le bras, une accolade à la maman de Rose-Clémentine pour programmer le mariage de vos enfants respectifs d'ici 20 ans... Bref, vous allez rencontrer plein de parents qui, comme vous, ont envie de taper la causette, même à 8 h 30 du matin alors qu'eux aussi sont encore en pyjama sous leur manteau.

— QUE FONT-ILS —
dans la cour de récréation ?

Haut lieu de sociabilisation, la cour de récréation n'en demeure pas moins la scène d'événements qui, vus par un public extérieur, peut déstabiliser. L'enfant, dès son plus jeune âge, se passionne pour des jeux absolument incongrus. Lumière sur ces hobbies qui nous laissent pantois.

• Ramasser des cailloux dans la cour. Et des morceaux de terre. Et... tout ce qu'on trouve dans la cour, en fait.

• S'échanger des cadeaux pourris. Un morceau de scotch contre un capuchon de stylo mordillé.

• Aller rapporter à la maîtresse que le copain, il n'a pas voulu rendre le capuchon de stylo mordillé. En pleurant à chaudes larmes.

• Faire de la purée pour ses petits cochons... en mélangeant de la boue avec sa main.

• Caresser les chaussures de la maîtresse.

• Embrasser le tronc d'arbre. Non, ce n'est pas un trip « aimons la nature », pourtant.

• Ramper sur le sol, rouler, ramper de nouveau. Un entraînement de GI Joe ?

• Remonter le toboggan par le bas... alors que 12 enfants attendent leur tour en haut.

• Jouer avec ses crottes de nez. Voire les comparer avec celles du copain. Pire, les échanger.

• Hurler. Et, souvent, dans un langage inventé.

• Courir en rond. Sans aucun objectif.

« Excusez-nous,
on est en retard à l'école ce matin
parce que Bryan voulait finir
son dessin animé. »

— LES 11 EXCUSES —
de parents pour un retard

Oups ! Voilà, on y est. Malgré le réveil, vous êtes en retard. Et plutôt bien, même. Vous hésitez à vous recoucher et à enclencher l'option « lecture de dessin animé » en posant une journée enfant malade, seulement vous vous doutez que ça ne sera pas la seule fois. Donc il va falloir assumer. Et excuser votre enfant pour ce retard. La panne de réveil, ça passera une à deux fois dans l'année. Mais si vous êtes coutumier du fait, il va falloir être plus créatif.

1 « On était prêts, on était en avance... et puis, vous savez ce que c'est... on a été pris dans l'engrenage des matins compliqués. » 0/10 de la crédibilité, il va falloir expliquer !

2 « L'aquarium a explosé. On a dû sauver Willy, le poisson rouge. » 1/10. (Si vous saviez combien cette excuse est utilisée !)

3 « Le réveil s'est éteint dans la nuit. Une panne de courant, sans aucun doute. » 2/10. La maîtresse, c'est pas un lapin de 3 semaines !

4 « Le chien s'est sauvé. » 3/10. Surtout si vous n'avez pas de chien.

5 « On a été pris dans un suspense insoutenable. Dora allait-elle réussir à renvoyer l'étoile vers sa maman, alors que Chiper le renard rôdait ? On était obligés de rester. » 4/10.

6 « On a ramassé des fleurs pour vous, tout au long du chemin. » 5/10. Ce n'est pas une excuse, mais qui peut résister à un bouquet de fleurs aux tiges coupées bien trop court ?!

7 « J'ai crié qu'il fallait se grouiller. Il a crié qu'il avait envie de faire caca. Devinez qui a gagné ? » 6/10.

8 « Bol de chocolat chaud renversé, tenue pour la photo de classe bousillée, nouvelle robe à repasser... » 7/10.

9 « Mon fils a caché les clés de la voiture. On a mis 25 minutes à les retrouver. » 8/10. Surtout si ledit enfant a déjà caché la mascotte de la classe !

10 « La voiture n'a pas démarré (à faire avec les mains noires, genre vous avez tenté de réparer). » 9/10... sauf si vous venez à pied !

11 « Oh ! là, là ! On ne s'est pas réveillés. Désolée. » 10/10 de la crédibilité. À ne pas refaire trop souvent pour que ce soit accepté !

— 10 PHRASES À NE PAS DIRE —
à la maîtresse de votre enfant

Ah ! sa maîtresse chérie, il l'aime, il l'adore, et nous, ça nous rend chèvres de voir qu'elle a souvent plus de crédit que nous. Quand on pense que les maîtresses arrivent à gérer en moyenne de 30 loustics chaque jour alors que nous, parents, on s'arrache les cheveux avec notre petit choupinet qui refuse d'aller prendre sa douche... Oui, il y a de quoi être parfois un peu jaloux. Surtout quand on prend rendez-vous avec elle et qu'on lui avoue être totalement dépassé par la situation, et qu'elle nous répond : « Ah, moi je n'ai aucun problème de comportement avec Pierre-Moundir, il écoute parfaitement ce que je lui dis... » Voici quelques punchlines que vous devriez éviter de lui dire.

1 — « C'est bizarre ce que vous me dites, car à la maison, il n'a jamais fait ça ! »

Ce que la maîtresse comprend : « C'est de votre faute s'il est comme ça ! »

2 — « Mon enfant a perdu [son bonnet, son manteau, son gant...]. »

Ce que la maîtresse comprend : « Comment ? Vous n'avez pas un œil sur MON enfant à chaque seconde qui passe, même quand il est tout au fond de la cour de récréation ?! »

3 — « Mon enfant est très fatigué le soir. »

Ce que la maîtresse comprend : « Vous exigez trop de lui. »

4 — « Mon enfant s'ennuie. »

Ce que la maîtresse comprend : « Mon enfant est tellement intelligent que vous ne lui apprenez rien du tout, c'est d'ailleurs pour cela qu'il coupe les cheveux de Béatrice-Bernadette en séance d'art plastique. »

5 — « Mon enfant sait déjà lire. »

Ce que la maîtresse comprend : « Mon enfant n'a pas besoin d'être dans votre classe. Faites-le passer en CE1 direct. À 5 ans, oui, vous avez raison, passons directement au CE2 ! »

6 « Mon enfant a tout mangé ce midi ? »

Ce que la maîtresse comprend : « Vous devez rester à côté de lui quand il mange et me faire un rapport chaque jour. »

7 « Vous faites la sieste avec eux, après le déjeuner ? »

Ce que la maîtresse comprend : « Vous vous la coulez douce en fait. Votre job, c'est vraiment la planque. »

8 « Il serait peut-être temps de leur apprendre à faire autre chose que des taches de couleur sur une feuille. »

Ce que la maîtresse comprend : « Vos cours d'art plastique, c'est plutôt de l'art contempo-rien. »

9 « L'an dernier, la maîtresse de petite section ne faisait pas exactement comme ça en séance de motricité fine. »

Ce que la maîtresse comprend : « La maîtresse de l'année dernière était mieux que vous ! »

10 « Au fait, Basile-Daniel sera absent la semaine prochaine, car on profite que l'école maternelle ne soit pas obligatoire pour partir hors vacances scolaires. »

Ce que la maîtresse comprend : « On s'en fiche de l'école maternelle. Pour apprendre à faire des puzzles de 10 pièces, c'est pas très grave s'il loupe l'école. »

— RENCONTRE —
avec Monsieur Patate

Il est énorme, avec ses deux bâtons qui lui servent de bras, mais il a l'air fier de lui, comme s'il vivait un moment passionnant. On dirait une barbe à papa géante. Pourtant, il parait que c'est un adulte responsable. Je vais chercher à en savoir plus.

Bonjour Monsieur, pouvez-vous me donner votre nom ?

Hum. Je suis une femme. La maman de Pierre-Théodore, vous ne voyez donc pas les 3 traits sur le haut de ma patate ? Ce sont mes cheveux.

Oh pardon ! C'est à cause de cette forme ovale vers le milieu de votre corps, j'ai cru, j'ai cru…

Non, ce n'est pas un zizi. Tout le monde y croit, mais mon fils vient de découvrir le nombril, il accentue, c'est normal.

J'ai l'impression que vous vous allongez pendant que je parle… Il ne serait pas entrain de vous pousser des bras ?

Tout à fait. On m'appelle Monsieur Patate, mais au fur et à mesure de l'évolution des enfants, je prends forme, jusqu'à devenir un vrai personnage, avec de plus en plus de détails.

Il semblerait que vous soyez une star à l'école maternelle, pouvez-vous m'expliquer ?

Eh bien, en toute modestie, je suis le fil rouge de la scolarité. Les enseignants demandent chaque mois à ce qu'on me représente, les psychologues s'appuient sur mes dessins pour faire leurs évaluations, mon évolution rend fiers tous les parents.

Vous êtes donc hyper important, ça ne vous met pas la pression ?

Pas du tout. Quand je suis Patate, je respire l'innocence. En m'allongeant et en gagnant en précision, je rends les enfants joyeux, loquaces à mon sujet, même. Mais j'accepte la représentation qu'on veut bien faire de moi, sans sourciller.

Et quel est votre avenir ? Avez-vous un message à faire passer aux parents ?

Cela dépend des personnes. Parfois, je reste au stade de dessin pas terrible, avec plein de jolies couleurs pour compenser. Et puis, d'autres fois, comme avec le petit Léonard, je me transforme tant et si bien que je suis finalement exposé dans les musées et qu'on se bat pour voir mon sourire. Mais même quand je finis en Mona Lisa, ne l'oubliez pas… j'ai débuté ma vie en Monsieur patate… C'est le message que je souhaite faire passer aux parents : laissez le temps à vos enfants de faire évoluer leurs bonshommes… et gardez-en quelques uns, ça vaudra peut-être son pesant de patates, dans quelques temps !

#MonsieurPatate

— 5 GALÈRES —

que vivent TOUS les parents le soir après l'école

Vous commencez votre seconde journée et avez hâte d'enfiler votre costume de super-parent. Et, comme chaque jour, au bout de 5 minutes, les galères commencent... Voici votre quotidien.

1 — Vous tirez les vers du nez de votre enfant pour savoir ce qu'il a fait

Que le parent qui ne pose pas cette question chaque jour lance la première cagoule en laine. Que ce soit à la crèche ou à l'école, nos enfants ne veulent rien nous dire. Pire, quand on leur demande ce qu'ils ont fait aujourd'hui, ils répondent : « Zé zoué » ou, au choix... « Rien ! » Qu'on se rassure, nos enfants ne font JAMAIS rien, ils veulent juste garder leur jardin secret et nous dire de façon parcimonieuse ce que bon leur semble. Ils compartimentent souvent le monde de l'école et celui de la maison, et ces deux mondes-là ne cohabitent pas forcément dans leur tête.

Astuce : proposez-leur de dessiner, le soir, le meilleur moment de leur journée. Vous en saurez sûrement davantage, peut-être même trop !

2 — Vous mangez avec votre enfant les trois quarts de la baguette sur le chemin du retour

« Tu as acheté du pain ? » Impossible d'arriver à la sortie de l'école sans la baguette. C'est une tradition. Mais une tradition qui flingue forcément un peu le dîner, puisqu'on s'enfile presque toute la baguette avant de se mettre à table... Et, au moment du repas, oups, plus de pain... et plus faim...

Astuce : toujours avoir du pain de mie dans le placard ou une demi-baguette dans le congel' pour ne pas être en rade.

3 — Vous retrouvez votre enfant avec un bonnet qui n'est pas à lui

Combien de gants, bonnets, gilets, avez-vous déjà perdus depuis que votre enfant va à la crèche ou à l'école ? On pourrait remplir au moins deux valises !

Astuce : mettez des étiquettes sur CHAQUE vêtement que vous lui faites porter.

4 — Vous donnez le bain… et vous vous retrouvez au milieu d'une piscine !

Impossible de donner le bain calmement : les enfants jouent avec la mousse et essaient d'arroser maman, qui fait semblant de ne pas trouver ça drôle d'avoir de l'eau partout sur ses vêtements.

Astuce : investissez dans une douche ou dans un maillot de bain. Ou, mieux : lavez votre enfant un jour sur deux… Rhooo, ça va !

5 — Vous tentez de survivre au tunnel de 18 h-20 h 30

En général, on les récupère au centre en mode Mary Poppins et, jusque-là, tout va bien. Puis, à mesure que la soirée avance, on se transforme en Cruella d'Enfer. C'est la course, il faut se dépêcher de rentrer à la maison, se presser pour aller au bain, s'activer pour préparer le dîner en ayant les enfants dans les pattes, qui essaient de déverrouiller la tablette. Sans compter les 150 000 fois où on rabâche la même chose : « Au bain ! », « À table, venez manger, dépêchez-vous, c'est chaud ! »

Astuce : trouvez une baby-sitter/un grand-parent/une copine avec de la patience pour vous soulager au moins un soir par semaine. Et si vous n'avez personne sous la main, donnez-leur le code pour déverrouiller la tablette : 15 minutes de calme, ça n'a pas de prix !

— 8 ASTUCES —
pour se mettre l'enseignante à dos dès la rentrée

Non. Bien sûr. On n'a PAS envie de se mettre l'enseignante de notre petite tête blonde/brune/rousse à dos pour l'année scolaire (même si on lui ferait bien avaler ses fiches de renseignements pour lui montrer qu'on en fait une indigestion). Mais au cas où on voudrait tester les limites de sa patience, voici quelques astuces qui marcheraient certainement.

1 — Venir lui tenir la jambe dès le matin de la rentrée, pour lui dire à quel point notre enfant est intelligent, lui. D'ailleurs, à la maison, il sait compter jusqu'à l'infini et au delà, ce Buzz l'éclair de génie. Et même parler anglais, merci *Do- Do-Dora !*

2 — L'appeler après la pause déjeuner pour savoir si ça s'est bien passé à la cantine. Comment ça, elle n'y est pas ? Et la conscience professionnelle, alors ?

3 — La rappeler à 14 heures pour savoir si, quand même, il a fait son petit popo après le repas. Et la consistance des selles, c'était comment ? Comment ça, elle ne sait pas ?

4 — La re-rappeler à 14 h 12 pour lui signaler que Chérichou d'amour a besoin qu'on lui chante la chanson du roi Lion pour s'endormir. Mais que si elle chante faux, au pire, vous pourrez l'enregistrer sur MP3.

5 — Lui demander au bout de deux jours si c'est possible de le changer de classe, parce que le petit Pierre-Alphonse pourrait avoir une mauvaise influence sur Bibounet d'amour. Si, son père est tatoué. Regard entendu, sourire crispé de circonstance.

6 Ne pas rendre les fiches de renseignements. Dire qu'on les a perdues. Que le chien les a mangées. Et finalement, avouer que ça fait un peu peur, de lui laisser autant d'éléments de notre vie, comme ça. Elle est des Renseignements Généraux, ou quoi ?

7 Venir observer l'heure de récréation derrière la grille. Avec l'appareil photo en main. Et appeler la directrice pour dire qu'on vient de voir une dispute, là, derrière le bosquet. Si la maîtresse pouvait bien y aller au lieu de boire son thé...

8 Lui demander de remplir une fiche de renseignements, elle aussi. Oui, c'est donnant donnant, c't'histoire, parce que nous on ne sait pas grand chose d'elle, en fait. Nan mais !

CHAPITRE 3

LA MOYENNE SECTION,

ou l'âge du « pourquoi ? »

Voilà. La première année, c'est fait. À partir de maintenant, ils ne seront plus les plus petits, mais pas encore les plus grands. Ils commencent à maîtriser les règles tout en continuant à être de tout petits enfants. Ils s'habituent à l'école, et vous aussi. Mais ce n'est pas pour ça que ce sera plus évident cette année ! Eh oui, ils commencent à poser plein de questions, vous n'avez pas les réponses, et vous aussi, vous vous en posez !

LES ACTIVITÉS PÉRISCOLAIRES

Dilling dilling ! C'est l'heure des inscriptions pour les activités périscolaires de l'année prochaine. Vos enfants vous bassinent pour suivre des cours de danse classique, faire du judo, du foot ou de la natation. Pfff, c'est so 2010 ! Voici plutôt rien que pour vous le best of des activités à leur proposer l'année prochaine. Qu'au moins ça serve à quelque chose, de lâcher 300 euros (et encore, au bas mot) par an. Place au top 5 !

Cours d'attrape-bestioles

Un cours ludique pour apprendre, à l'aide d'une tapette ou d'un balai attrape-araignées, à repousser l'ennemi. Un cours idéal pour votre enfant si vous vivez en pavillon ou à la campagne. Grâce à lui, vous n'aurez plus besoin de le faire vous-même, votre enfant chassera toutes les bestioles de la maison.

Exemple de situation : vous dormez paisiblement quand, tout à coup, un moustique surgit près de votre oreille. Ni une ni deux, votre enfant le démasquera et lui fera la peau.

Cours d'improvisation théâtrale

Encadré par la troupe des Mamiswagg qui se produisent actuellement dans toute la France, votre enfant apprendra toutes les techniques d'improvisation pour pouvoir répondre, avec pertinence et impertinence, du tac au tac.

Exemple de situation : « Kamel-Martin, tu veux faire l'atelier pâte à modeler ou l'atelier peinture, cet après-midi ?

– Vous me demandez si je préfère faire un boudin ou une croûte ? Vous pourriez proposer un atelier crottes de nez à la place, j'ai même pas besoin de matériel et le résultat sera le même. »

Grâce à ce cours, votre enfant pourra également répondre à votre place à votre vieille tante qui vous a invités dimanche pour le goûter.

Cours de lèche-vitrines

Un cours pratique pour apprendre à faire l'aumône dans les magasins. Parfait pour les marchés de Noël, ou pour gratter des babioles chez les marchands du coin le soir, en rentrant, après l'école.

Exemple de situation chez le marchand : « Oh, mais qu'elle est mignonne cette petite ! Tu veux un melon pour ce soir ? Allez, tiens, c'est cadeau ! »

Cours de claquettes

Votre voisine du dessous est une vraie peau de vache. Rien de tel pour l'embêter que d'inscrire votre enfant à un cours de claquettes pour bien la déranger à l'heure des *Feux de l'amour*.
Alternative : cours de saxo.

Avantage : vous aurez une bonne excuse à fournir lorsque les policiers débarqueront pour tapage nocturne. Bah oui, il y a le spectacle de fin d'année à préparer.

Cours d'aquaponey

Un cours pour les enfants ayant déjà pratiqué les balades à dos de poney.

Avantage : vous n'aurez plus à mentir lorsque vous direz que vous ne pouvez pas venir car vous avez aquaponey.

— QUE FONT-ILS —
vraiment à l'école ?

Vous étiez habitué à tout savoir sur le déroulement de sa journée, du réveil (grincheux) au coucher (« Pas dodo ! »), en passant par le contenu de la couche de 10 h 12, les éclats de rire en vous regardant vous cacher derrière vos mains et réapparaître, ou la petite danse en écoutant sa souris musicale. Alors forcément, quand vient le moment de l'école, vous aimeriez savoir ce qui s'y passe. A-t-il écouté la maîtresse ? Avec qui a-t-elle joué à la récré ? Quelle chanson a-t-il apprise aujourd'hui ?

Chaque soir, et ce pour les quinze prochaines années, vous allez donc poser la question (ne cherchez pas, on est génétiquement programmés pour la poser, comme on l'était pour sentir la couche afin de vérifier si c'était le moment de la changer) : « Alors, qu'est-ce que tu as fait (de beau) à l'école ? »
Cependant, entre la première et la troisième année de maternelle, les réponses peuvent se résumer en cinq catégories, décryptées ici.

« Rien. »

Ne l'imaginez pas assis sur une chaise à ne RIEN faire du tout. Rappelez-vous juste qu'à la maison, quand il ne fait « rien », c'est qu'en général, il fait une connerie. Alors maintenant, attendez la convocation de l'instit' !

« Je ne sais pas » (« je ne sais plus, je suis perduuuuuu », copyright Michel Fugain).

Alzheimer n'a pas pu s'emparer de son cerveau aussi vite que Michel Fugain s'est emparé du vôtre à la lecture de la phrase précédente. Pour preuve, l'enfant a généralement une mémoire infaillible et sait très bien rappeler à votre belle-mère que l'autre jour, vous avez dit à votre copine Madeline que Mémé, elle a des yeux de bœuf. Sa réponse laisserait donc entendre qu'il préfère ne rien vous dire (par peur que vous ne compreniez pas, certainement).

« Plein de choses. »

Oui, ça manque légèrement de précisions, soit. Mais en même temps, s'il fait « plein de choses », c'est qu'il se sent bien à l'école. Et, en réalité, vous n'avez pas envie de connaître les détails. Non, vraiment. Ça vous assommerait en moins de 12 secondes.

« J'ai joué. »

Posez ce téléphone tout de suite ! Ça ne sert à rien d'appeler l'inspection pour signaler que son enseignante ne fait faire que des jeux à votre douce progéniture. En maternelle, la plupart des apprentissages passent par le jeu. Il apprend donc plein de choses sans s'en rendre compte. Fantastique, non ?

« Du travail. »

À ce stade, clairement, on progresse. S'il déclare travailler, c'est qu'il passe de l'enfant à l'élève. Adios, le bébé, il a compris pourquoi il était à l'école. Sortez les mouchoirs !

LA JOURNÉE TYPE
d'une maîtresse de maternelle

8 H 20 Elle est déjà dans sa classe à installer les différents espaces de jeux pour l'accueil. Même si elle n'a pas les yeux en face des trous, elle affiche son plus beau sourire pour accueillir vos petits morveux.

8 H 35 Elle est assise avec 8 enfants autour d'elle et fait semblant de ne pas voir les parents devant la porte qui n'ont pas encore compris que non, il n'y a plus de transmission à l'école maternelle. Son collant est déjà filé.

9 H 30 Elle enchaîne 20 minutes de rituels… comme chaque matin… et ce pendant toute l'année, et elle répète à peu près 684 fois les jours de la semaine. La seule variante est le nombre de présents et d'absents… Attention, suspense, le petit Éric-Douglas, qui essaye de couper les cheveux de Margaux-Myrtille, sera-t-il là ?

10 H 00 Dans le froid, elle essaye tant bien que mal de séparer Marc-César qui tente d'imiter Zidane en mettant des coups de boule à Pierre-Moustafa. Ses poches sont remplies de petits cailloux que Marie-Baya lui a offerts.

10 H 30 Cours de motricité, elle sautille gracieusement en essayant d'imiter un chat qui passe à travers des cerceaux… et se pète la gueule devant les élèves qui rigolent.

11 H 30 Elle déjeune, oui, à 11 h 30…, du poisson pané et des lentilles, comme les enfants.

13 H 30 Elle est soit en train de réconforter Tamara-Beyoncé qui a fait un cauchemar pendant la sieste, soit en train de préparer sa séance de peinture aux doigts pour le cours de quadrillage sur le thème de Mondrian.

14 H 30 Elle chante *Un éléphant qui se balançait*, elle mime un petit pouce qui danse (elle fait super-bien aussi le majeur quand elle entend qu'être prof, c'est la planque), elle raconte des histoires bizarres où une taupe a un caca sur la tête.

15 H 30 Elle libère les petits lions et part s'empiffrer du reste de gâteau d'anniversaire de Louanne-Germaine dans la salle des profs.

Maîtresse, et bah tu sais, tu ressembles à ma mamie !

L'ENFER
des goûters d'anniversaire

Les coups durs tombent toujours en même temps. Non seulement c'est son anniversaire, ce qui vous rappelle que vraiment, il grandit trop vite, mais en plus... il veut le fêter. À l'école, en dehors de l'école... Il a envie que ses copains le regardent souffler ses bougies (et cracher sur le gâteau au passage). Attention, ça peut vite devenir l'enfer ! Alors, quels sont les pièges à éviter ?

Pour l'école : partir sur un gâteau trop élaboré. Votre enfant vous fait remarquer que pour l'anniversaire de Jean-Brandon, sa maman avait fait un Pokémon avec un arc-en-ciel et des bonbons à l'intérieur. Tant mieux pour elle. Misez sur un gâteau industriel, en arguant que les gâteaux faits maison sont interdits à l'école. Et que VOUS, vous suivez les règles (quand ça vous arrange). Honnêtement, la maîtresse vous remerciera.

Inviter tous les copains. Si vous écoutiez Chouchounet, il faudrait louer une salle des fêtes pour caser tous ses amis. Mettez des limites dès le départ ! « Tu vas avoir 4 ans, on invite 4 copains. 5 ans, 5 copains... » Pour ses 40 ans, il se débrouillera lui-même, non ?!

Être large sur la durée. Même s'il rêve de faire une soirée pyjama et une journée entière avec les copains, ne tombez pas dans le panneau. Deux à 3 heures, c'est vraiment suffisant pour qu'ils s'amusent et vous épuisent en même temps !

Les animations de folie. Parce que si vous louez un chapiteau avec clown et dompteur d'iguanes pour ses 5 ans, l'année suivante, il voudra encore mieux. Alors misez sur du simple, du rapide, du pas trop crevant. Vous aurez déjà bien assez à faire en surveillant la joyeuse petite troupe !

Gérer seul(e) l'après-midi. Malheureux ! Malheureuse ! Souvenez-vous que vous avez du mal à aller aux toilettes quand vous n'avez qu'un seul gosse dans la maison. Alors là, avec six qui ne sont pas les vôtres, croyez-vous que vous survivrez ? Faites appel à un ami... et déléguez !

SE PRÉPARER POUR L'ÉCOLE :

rêve vs réalité

On aimerait que la vie soit comme un épisode de La Petite Maison dans la prairie (sans la chute le long de la colline), bien rodée et si organisée. Mais il semblerait qu'on ne soit pas tous logés à la même enseigne. Notamment le matin. Entre rêve et réalité, il y a comme un fossé. Pas de culpabilité, on est plus nombreux du côté de la réalité !

7 H 30

Dans vos rêves : vous êtes déjà préparée et pomponnée, vous venez de finir votre petit déjeuner et allez réveiller Charles-Alphonse, doucement, tranquillement, en chantant. On se croirait dans un dessin animé, il ne manque plus que les oiseaux.

En réalité : c'est la fonction rappel de l'alarme qui vous réveille. Le réveil tombe par terre, et vous du lit. Viiite, ça va être la course ce matin !

7 H 40

Dans vos rêves : Marie-Beyoncé s'est habillée seule. Facile avec les vêtements préparés la veille. Vous, vous êtes en train de lui presser un jus d'orange frais, pour sa dose de vitamines, c'est parfait !

En réalité : vous retournez l'armoire dans tous les sens pour trouver un pantalon à sa taille. Pendant qu'elle chouine parce qu'elle veut sa robe qui tourne... Sauf qu'elle tourne, mais dans la machine à laver, présentement !

7 H 50

Dans vos rêves : Chouchou d'amour est assis, à table, et savoure sa tartine beurrée. Dans le calme.

En réalité : vous cherchez une fringue pas trop sale pour VOUS habiller, pendant que Fiston saute du fauteuil au canapé, manquant de se fracturer trois membres, tel un Spiderman ankylosé.

8 H 00

Dans vos rêves : vous enfilez les manteaux, les chaussures, et êtes prêts pour une petite marche jusqu'à l'école maternelle. Ça fait du bien, de se dégourdir le matin.

En réalité : l'enfant est toujours en slip. Vous n'avez maquillé qu'un œil sur deux.

8 H 15 *Dans vos rêves :* hop, voilà ! Vous êtes devant l'école et, comme la grille n'est pas encore ouverte, vous en profitez pour faire un petit bisou à Marguerite-Hortense et vérifier que son col est bien mis.

En réalité : tant pis pour le maquillage, vous chopez un gâteau dans la réserve et ouvrez la porte pour… et merde, Jean-Gustave a envie de faire caca. Maintenant.

8 H 20 *Dans vos rêves :* vous prenez quelques minutes pour voir avec la maîtresse quand elle aura besoin d'accompagnateurs pour la bibliothèque.

En réalité : vous foncez vers la voiture en hurlant que vous allez être à la bourre, barrette de Mouise !

8 H 25 *Dans vos rêves :* en traversant la cour de l'école, après un dernier coucou à Pitchounette, vous remarquez une folle ébouriffée, maquillée d'un seul côté. Il y a quand même de drôles de numéros, par ici !

En réalité : bah oui, c'est vous, la folle ébouriffée !

COMMENT GÉRER
les goûts vestimentaires improbables de votre enfant

Vos réveils sont de véritables enfers parce que votre mioche ne veut jamais enfiler ce que vous avez prévu pour lui, préférant toujours un costume improbable que votre belle-mère a eu le malheur de lui acheter pour son dernier anniversaire ? Rassurez-vous, vous n'êtes pas seule : des dizaines de milliers de mamans sont dans le même cas que vous, et il existe des solutions pour venir à bout des mômes les plus coriaces et des associations de couleurs les plus déplorables !

1 La tentative de compréhension

Solution la plus *light*, qui vous permettra probablement davantage de vous rassurer sur le fait que vous êtes une mère suffisamment bonne et pleine d'empathie que d'obtenir gain de cause... Mais bon, vous aurez essayé !

Organisez solennellement une discussion en tête à tête avec votre enfant et essayez de comprendre pourquoi il tient absolument à s'habiller de façon aussi ridicule. Faites-lui part, la larme à l'œil, de vos inquiétudes pour lui : a-t-il intégré un groupuscule religieux qui le contraint au port de la cape et du masque de super-héros ? Est-il victime de camarades de classe qui le persécutent et l'obligent à porter des vêtements honteux pour se moquer de lui ? Avec un peu de chance, l'enfant se sentira écouté et respectera le fait que vous vous intéressez d'aussi près à ses choix de vie – peut-être même ira-t-il jusqu'à suivre vos conseils et optera pour un style plus passe-partout.

2 Le miroir

Mettez-le face à son propre ridicule en vous habillant vous-même de façon improbable. Si vous avez un garçon : chandail rose à paillettes avec tutu et bague licorne en plastique qui fait de la musique – c'est sûr, vous lui foutrez la honte si vous l'accompagnez à l'école déguisée en princesse de plastique, et cela devrait suffire à lui remettre les idées en place ! Si ce n'est pas assez, et si vous en avez la force, tentez l'expérience pendant quelques semaines. Si l'enfant ne craque toujours pas, nous ne pouvons plus rien pour vous...

3 La négociation

Négociez avec l'enfant : non, il est hors de question qu'il enfile son déguisement de Spiderman pour aller à l'école, mais il peut avoir une petite touche super-héros, pourquoi pas une montre Star Wars ou un bonnet Spiderman, plus subtils que le total look ? Le compromis est votre meilleur allié et une demi-victoire vaudra toujours mieux qu'une défaite cuisante.

4 L'accident

C'est bien connu, un accident est si vite arrivé... Avant de coucher votre enfant, proposez-lui gentiment de nettoyer le (ou les) costume(s) que vous souhaiteriez voir atterrir dans la benne à ordures la plus proche. Ainsi, il ne pourra pas vous soupçonner d'avoir le moindre grief contre ledit costume. Puis, pendant son sommeil de petit innocent, trompez-vous tout aussi innocemment, en lançant un programme à 90 °C, suivi d'un sèche-linge tout aussi intense... Au réveil, faites la désolée et promettez-lui l'achat d'un nouvel Action Man à qui le costume ira parfaitement.

— 10 TRUCS —
pour être à l'heure à l'école

Qui a eu cette idée folle... de décider que l'école commencerait aussi tôt ? Forcément, comme la semaine, a contrario *du week-end, les enfants restent bloqués sous la couette, ça n'arrange pas nos affaires... Et qui dit retard, dit mauvaise humeur pour la matinée... Sauf avec ces 10 trucs pour arriver à l'heure !*

1. Les coucher tout habillés.
2. Les habiller pendant qu'ils dorment encore.
3. Les lever vers 5 heures du matin, en mode commando, avec cor de chasse.
4. Planter une tente sur le trottoir, devant la grille de l'école.
5. Les coucher à 18 h 30 pour qu'ils se réveillent d'eux-mêmes.
6. Ne pas traîner sur Facebook le soir, pour se réveiller d'attaque.
7. Faire circuler une pétition pour repousser d'une heure le début de la journée à l'école.
8. Faire croire à l'instit que son horloge est en avance (se mettre d'accord avec les autres parents, avant).
9. Laisser leurs cheveux à l'état sauvage.
10. Prendre le petit déjeuner dans la voiture. Avec un lance-pierre.

#DanseAvecLesPoux

QUESTIONS
pour un mini champion

Note pour le lecteur avant de commencer :
Merci de lire les questions suivantes avec en tête la voix de Julien Lepers, et, si possible, en vous chronométrant. Si vous avez la bonne réponse, libre à vous de vous offrir un dictionnaire pour vous congratuler.
Allez, c'est parti !

Indice (au bas de vos écrans.)
« Pidou »

Top !

Je fais partie du sous-ordre des anoploures au sein de l'ordre des phthiraptères.

Mon nom latin est le pediculus humanus capitis.

Je fais partie inhérente de la vie familiale à partir de l'école maternelle,

On dit de moi que je suis jaloux, mais j'aime juste me nicher dans les cheveux des enfants, et rendre plus compliquée la vie des parents.

Quand je débarque, je ne suis jamais seul,
je viens à une dizaine, une centaine, j'aime grouiller...

Dès qu'on parle de moi, c'est inratable, on se gratte le sommet du crâne.

On me représente sur une affiche en disant que je suis de retour,
mais je ne pars jamais bien longtemps, je suis ...

TOP ! Je suis le POU !

DÉFINITION INCONTOURNABLE

Définition du gros Robert :

Crotte de nez, n.f : mucus s'accumulant dans la cavité nasale, avant de se sortir par les narines. Habituellement récupérée dans un mouchoir et jetée à la poubelle, elle se retrouve facilement sur la joue, le front, le menton de son propriétaire, dans le meilleur des cas.

Définition selon la maîtresse : petit tas collant et peu ragoûtant qui lui donne envie de vomir quand elle le voit s'approcher dangereusement de sa joue ou de son nouveau pull acheté la semaine dernière en soldes.

Définition selon l'enfant de maternelle : collation délicieuse s'apparentant à un très bon bonbon, faute de mieux.

Expression de maternelle : « T'as les boules, t'as les glandes, t'as les croytes de nez qui pendent » (suivie de larges éclats de rire impossibles à canaliser.)

— 8 RAISONS —

de ne pas faire de cadeau à la maîtresse

En devenant parent d'enfant scolarisé, vous allez découvrir de nouveaux rituels, auxquels vous accrocherez, ou non. Parmi ces rituels, voici celui particulier du cadeau à la maîtresse, en fin d'année. Ne vous laissez pas bêtement aveugler, parent ! Voici pourquoi il ne faut PAS faire de cadeau à la maîtresse.

• La maîtresse a déjà cette chance incommensurable, ce privilège, de passer l'année avec votre enfant, de pouvoir le couver du regard, de veiller à sa sécurité, de choper ses poux... Alors, heureuse ?

• Vu le cadeau pourri que VOUS allez recevoir pour la fête des Mères/Pères ou pour Noël, c'est que la maîtresse doit vraiment avoir des goûts spéciaux. Donc vous n'arriverez pas à faire pire. À moins d'attacher un bras dans le dos de chaque enfant lors de la confection d'un cochon en origami.

• C'est la fin de l'année, ce n'est plus la peine de se la mettre dans la poche pour qu'elle donne des bonnes notes à votre enfant, non ?

• Elle ne vous a pas invité à la sortie de fin d'année au zoo. Soi-disant qu'il y avait assez de parents. VENGEANCE.

• Lui offrir un cadeau, ça ne serait pas l'aider dans sa carrière. On sait ce que c'est. On est gentil, on dit merci et bravo, et *paf !* y'a du relâchement. Non, vraiment, ça ne serait pas correct vis-à-vis de ses prochaines classes. C'est pour son bien.

• Elles se parlent, les maîtresses, entre elles. Donc si vous faites un cadeau à l'une, l'an prochain, vous vous sentirez obligé de faire un cadeau à la suivante, même si vous ne l'aimez vraiment pas.

• Elle dit qu'elle adore les dessins de ses élèves, qu'elle accroche toujours au-dessus de son bureau. Bon. Allez, si vous voulez, faites-lui un dessin.

• La maîtresse est payée pour faire son boulot de maîtresse, non ? Alors, sérieusement, ce serait comme si, comme si... Ah bah, comme si vous receviez un cadeau à la fête des Mères/Pères pour vous dire que vous êtes un chouette parent. N'importe quoi !

— 5 SOLUTIONS —

pour savoir quoi faire des cadeaux de son enfant

Les premiers cadeaux de son enfant sont une source d'émerveillement infinie pour le jeune parent (et ne parlons même pas du premier popo, qui fait surgir les larmes d'émotion, voire de magnifiques photos sur Facebook). Hum. Les cadeaux, donc. Au moins 30 secondes de « Oooooh ! », de « Aaaaaah ! » et de « Braaaaaavo ! » avant de se demander concrètement 1) ce que c'est et 2) comment s'en débarrasser.

Ces premiers cadeaux passés, on continue les « Ooooh ! » et les « Aaaaah ! » parce qu'il nous semble bien que c'est ce que font tous les parents, mais on commence à ne vraiment plus savoir quoi faire de ces fleurs sans tige, de ces bouts de papier griffonnés et de ces créations pour le moins... originales.

Voici quelques procédés efficaces pour continuer à faire des « Ooooh ! » et des « Aaaaaah ! » (bah oui, on n'est pas totalement indigne quand même, enfin... pas que) sans devenir collectionneur et devoir investir dans un garde-meuble exprès pour ses trucs, bidules et autres œuvres d'art.

1 On lui dit que l'art, ça ne se gaspille pas. Oui, comme les feuilles qui viennent des arbres, écologie, tout ça. Alors les dessins, ça serait bien de les faire sur le tableau à craie, de s'entraîner, et de ne pas utiliser de papier. C'est la planète qui te remercie, mon petit.

2 On lui dit que c'est sublime, mais que l'art, ça se partage. Offre donc tes magnifiques dessins à Mamie, Tonton, le pédiatre et la boulangère. Maman et Papa ne peuvent pas garder cela que pour eux, ça serait trop égoïste.

3 On lui rappelle que ne devient pas Picasso qui veut. Et que s'il pouvait faire des exercices de maths à la place, ça, au moins, ça l'aiderait pour la vie.

4 On photographie et ensuite on vire. Parce que tu sais, Chéri, trop d'œuvres d'art dans une maison, ça peut provoquer des jalousies. Là, on les garde toutes dans l'ordinateur. Oh *yeah* !

5 On lui offre une console de jeux. Oui, là, c'est carrément indigne. Mais aux grands maux, les grands remèdes, non ?!

ENFANT VS ÉCOLIER,
cet être à la limite de la schizophrénie

« Voilà, Madame, je viens vous voir parce que ma douce Eugénie-Constance, qui est la bonté et la délicatesse incarnées, se plaint de deux petites camarades de classe qui ne sont pas gentilles-gentilles avec elle. Alors je voudrais bien savoir ce que vous comptez faire. »

Vous la connaissez, votre fille, non mais. Elle ne sort pas de la cuisse de Jupiter, oh. Elle joue tranquillement dans sa chambre, ne se fait répéter que 12 fois qu'il faut se mettre à table et même, une fois, elle a goûté ses brocolis sans les recracher dans l'assiette. Alors qu'elle soit victime de chipies, c'est trop pour vous. Bien. OK.

Seulement, il faut que vous vous mettiez dans la tête que la plupart des enfants sont de grands schizophrènes bipolaires en puissance. Et quand la maîtresse vous avouera qu'en réalité, il ne manque plus que la moustache à Eugénie-Constance pour devenir un vrai dictateur, rapport au fait qu'elle ordonne à ses copines de se rouler dans la boue, de manger leurs crottes de nez et de lui offrir des bonbons, ça va vous faire tout drôle.

Ne pleurez pas, allez, tout doux. Parce que dans le couloir, à côté de vous, le papa de Marc-Brandon est dans un état similaire au vôtre. Alors que, goguenard, il souhaitait bon courage à la maîtresse, vu qu'à la maison ils ne savent plus comment venir à bout de leur rejeton qui prend le salon pour un ring de catch, cette dernière l'a regardé comme s'il venait de Mars (ce qui n'est pas faux, en soi). Apparemment, en classe, la terreur des bacs à sable décrite par son père est un petit ange serviable, qui lève le doigt pour parler et qui aide ses petits camarades…

Ce qui est bien avec l'école, c'est que vous allez redécouvrir votre enfant, et il risque de vous surprendre.

Cette page est volontairement blanche
en hommage à toutes ces maîtresses
qui supportent 30 enfants
au long d'une journée
alors que vous-même
galérez avec un seul !...

Marquons une pause silencieuse ici,
en compatissant profondément
avec ces héroïnes.

LES PIÈGES À ÉVITER

Vous aimeriez vous cacher dans un trou de souris pour observer ce qui se passe en classe : comment se comporte Chouchou ? Est-il vraiment schizo ? A-t-il des copains ? Alors quand la maîtresse vous regarde avec des yeux de chat potté et qu'elle vous dit qu'elle a besoin d'accompagnateurs pour les sorties, vous n'avez qu'une envie : vous inscrire. Attention ! Certaines sorties sont bien plus dures à vivre que d'autres. Parce que ce que vous pensez être une sortie en forêt peut bien se révéler pire qu'une épreuve de Koh Lanta, voici les pièges à éviter.

La sortie bibliothèque

Vous imaginez un univers calme, un cocon doux et chaud où les enfants fermeront les yeux pour écouter une jolie histoire. Presque. Sachez que vous aurez aussi 12 morveux qui se battent pour le même livre tout pourri, celui qui va pleurer parce qu'il ne sait pas quel livre choisir, celle qui va assommer ses camarades avec une encyclopédie et la bibliothécaire qui ne peut pas sortir une phrase sans devoir dire « chut ». Les livres, c'est le bonheur... seul, à la maison !

La sortie en forêt

Sur le papier, c'est trop mignon. Se promener à l'ombre des grands arbres, ramasser des feuilles et des marrons, ouvrir les yeux dans le plus grand silence pour apercevoir des animaux... Vaste plaisanterie. En réalité, vous allez patauger dans la gadoue, en vérifiant 75 fois que vous n'en avez pas perdu un, qui se cacherait derrière un tronc, tandis qu'une autre s'agrippe à vous en hurlant qu'elle a peur du loup. Vous reviendrez avec trois sacs complets de feuilles déchirées.

La sortie au musée

Tout guillerets, ils nous donnent le sourire. C'est beau, cette ouverture à la culture, à cet âge... Jusqu'à ce qu'Émile-Gaston décide de monter sur le manège, là, qui n'est autre qu'une sculpture d'art moderne, alors que Philippe-Auguste, lui, a très besoin de faire pipi... Ce dernier mot fera rugir ses sept copains les plus proches. Influençables, les enfants ont maintenant tous envie de se rendre au petit coin. C'est sympa aussi, les toilettes des musées.

La sortie sportive

Attention, c'est la pire ! Souvent, il y a plusieurs écoles en même temps, donc, statistiquement, sept fois plus de chances de perdre un enfant. Bon, c'est plutôt cool, c'est du sport de maternelle, quoi. Sauf que Victorienne veut gagner à tout prix, quitte à dégommer Louis-Kader, qui pleure comme si on venait de l'égorger parce qu'elle a triché. Il faudra aussi penser à rapporter 176 pansements pour les bobos imaginaires de la journée. À la fin des épreuves, vous pouvez vous inscrire à l'organisation des J.O. !

10 EXCUSES
pour ne PAS aller en sortie

Vous l'avez compris, la sortie scolaire, on ne peut la tenter que si on est bien préparé psychologiquement et physiquement. Et il y a des jours où c'est juste impossible. Sauf que la maîtresse ne l'entend pas de cette oreille. Pire, votre enfant, qui pourtant ne vous calcule pas une seconde quand vous êtes présent, vous demande avec des trémolos dans la voix si « tu seras là, hein ? » Il faut réagir vite. En devançant par une excuse.

1 « J'peux pas, j'ai piscine. » (À ne pas sortir pour une sortie piscine, évidemment.)

2 « J'aurais adooooré venir à la ferme avec vous, mais je suis allergique aux bottes en caoutchouc. »

3 « C'est un déchirement que de devoir refuser votre invitation pour l'atelier de fabrication de bougies en fromage. Vraiment. Mais je n'ai plus de RTT. Zut. »

4 « Moi qui me faisais une joie de tenir le stand de chamboule-tout à la rencontre sportive... Malheureusement j'ai moi-même une qualification pour les J.O., en fuite sur 200 mètres. »

5 « Le musée ne m'est pas autorisé. La poussière me file des allergies qui me démangent et me font donner des claques à l'insu de mon plein gré. On ne voudrait pas que ça arrive, n'est-ce pas ? »

6 « Oh ! là, là ! Non, mercredi, ça ne va pas être possible, c'est le début des soldes, et... je fais une thèse sur les statistiques liées au pourcentage de réduction dans les magasins de chaussures. Si, c'est tout à fait sérieux. »

7 « Comme je n'ai jamais pu accompagner la classe de sa grande sœur, je ne veux pas risquer des jalousies, vous comprenez ? »

8 « J'ai le mal des transports, et vous n'avez pas envie d'avoir à me gérer en plus des enfants, n'est-ce pas ? »

9 « Le carnaval des écoles ? J'peux pas, à cause d'un traumatisme lié à l'enfance, au sujet des clowns. Ça serait ennuyeux que les enfants me voient en pleine crise d'hystérie, non ? »

10 « Si je viens, j'ai peur que ce soit compliqué pour Jean-Édouard, qu'il ne puisse pas être à l'aise avec ses petits camarades. Je refuse de le déranger dans l'acquisition de sa vie sociale. »

Maîtresse, il m'a donné un coup de poing avec son pied !

LE SMS DE L'ANNIVERSAIRE

Bonjour, je suis la maman de Manon et je voulais inviter Camille à l'anniversaire de Manon samedi prochain à partir de 15h, seriez-vous disponible ?

Bonjour, oui ce sera avec plaisir...

Manon donnera à Camille une carte demain à l'école. Bonne soirée !

Bonjour, je suis la maman de Camille. Ma fille me dit ne pas avoir reçu de carte de votre fille hier à l'école. Puis-je avoir votre adresse ?

Bonjour, Manon ne lui a effectivement pas donné car elles se sont disputées aujourd'hui et « c'est plus sa copine »...

Ah, les petites chipies...

En même temps, votre fille lui a dit qu'elle était moche et pas gentille et lui a volé son amoureux ☹

Mon Dieu, à quatre ans, elles savent déjà comment ça marche ! On a du souci à se faire ! Mais j'imagine que samedi, elles seront réconciliées. Qu'est-ce qui ferait plaisir à Manon ?

Non, mais à la réflexion, je préfère ne pas inviter votre fille chez moi...

Non mais, vous avez vous aussi quatre ans ou quoi ??!!

LES MOMENTS DE SOLITUDE
de l'enseignant

On l'a dit, l'enseignant est humain. Et parfois, dans sa classe, il a de grands moments de solitude. À cause de nos enfants, oui oui, parfaitement. Exemples triés sur le volet...

- Quand Léo-Farid dégueule tripes et boyaux en plein milieu du goûter d'anniversaire. Que Romain-Tom et Joachim-Isidore suivent, forcément.

- Quand Léanna-Sarah ramène un truc dans une boîte, pour montrer. Oh! Une magnifique araignée !

- Quand Shirley-Capucine et Dora-Stella, les meilleures copines du monde, décident de ne plus se causer, au moment de l'explication des consignes. Et qu'au lieu de ne plus se parler comme promis vu qu'elles sont fâchées, elles se disputent pour avoir quand même le dernier mot.

- Quand Jérémy-Arthur hurle devant tous ses copains de 4 ans pour une fois silencieux et attentifs, que le Père Noël, c'est les parents.

- Quand Dylan-Brandon s'ouvre le doigt avec un trombone et que le trombone reste coincé.

- Quand le papa de Ryan-Pierre, jamais vu pour cause de séjour en prison, demande un rendez-vous pour parler des bonshommes pas contents sur la dernière évaluation et qu'il n'a pas l'air très content, lui non plus.

- Quand Kévin-Adolphe s'approche enfin de SON étiquette prénom. Et qu'au dernier moment, il choisit plutôt de prendre celle de Vanessa-Charlotte.

CHAPITRE 4

LA GRANDE SECTION,

ou le début de la fin !

C'est l'année où l'enfant va devenir le plus grand de l'école. Il est habitué et va même pouvoir s'occuper des plus petits. Le bonheur pour lui, l'angoisse pour les parents. On en a vu errer dans les couloirs de l'école, le regard hagard et la mine déconfite. « Mais où est mon bébé ? » Cette année, ça devient du sérieux. On va y arriver.

— 10 TRUCS —

qui prouvent que la maîtresse est mieux que nous

Quand Choubidou rentre de l'école, il commence la moitié de ses phrases par : « Oui, mais la maîtresse, elle a dit… » Ras-le-bol, de cette maîtresse. Avant, c'était : « Maman elle a dit… » Qui est-elle pour nous détrôner ? Que fait-elle de mieux que nous ? Leur donne-t-elle de la drogue pour qu'ils deviennent addicts ? Ou porte-t-elle un parfum spécial attrape-mioches ? Possible. Cela dit, objectivement, on se doit de lui reconnaître quelques qualités quand même.

1 Elle supporte nos enfants toute la journée. Pas un, pas deux… mais jusqu'à 30… Oh, patience infinie !

2 Elle est capable de ne pas hurler dès 8 h 37. Et même qu'elle a encore le courage de raconter une petite histoire avant l'heure des parents, alors qu'on se serait transformé en Gremlins bien avant la récré du matin.

3 Elle réussit à rester vivante au milieu des microbes de l'hiver, alors que ça tousse, ça crache et ça mouche de tous les côtés.

4 Elle ne se met pas à gesticuler dans tous les sens avec une moue dégoûtée quand Brenda-Moon arrive avec de la morve jusqu'au nombril. Mieux, elle réussit à tendre un mouchoir sans vomir. Respect.

5 Elle connaît tellement de chansons qu'on se demande si elle n'est pas la fille de Henri Dès et de Chantal Goya.

6 Elle arrive à écouter leurs histoires à dormir debout pendant toute la récré sans mettre un dessin animé, et sans bâiller.

7 Elle garde le sourire en toutes circonstances (ou presque).

8 Elle reste bienveillante alors que ça fait 15 minutes qu'à la question : « Dans quel mot entend-on "i" ? », la seule réponse correcte entre « pantalon » et « salopette » a été « pipi », répétée 12 fois dans de grands hurlements de rire.

9 Elle connaît les dessins animés et les jeux qui font fureur, alors que nous, on est *has been* depuis *Princesse Sarah* et les Crados®.

10 Elle leur apprend de jolies choses et nous les rend fiers d'eux (et ça, ça n'a pas de prix).

RIP

MON EXCLUSIVITÉ DE MAMAN

COMMENT DEVENIR
le chouchou de la maîtresse

La maîtresse est merveilleuse et l'enfant a une forte tendance à aimer l'exclusivité. Mais dans une classe de presque 30 bambins, c'est pas gagné. Pourtant, l'écolier a de multiples façons de tenter de devenir le chouchou.

Lui faire des cadeaux

Les cadeaux, ça marche à tous les coups pour prouver son amour. De la pomme, comme Laura Ingalls, aux bouquets de fleurs avec les tiges coupées à ras les pétales en passant par les dessins en veux-tu en voilà, l'enfant n'est pas avare de présents. Généralement, l'instit, habituée, sourit avec bienveillance pour remercier. Même quand elle reçoit une feuille d'arbre pleine de gadoue ou un bocal rempli de poux de la veille au soir. L'originalité, c'est un point en plus, c'est évident !

L'inviter pour des occasions spéciales

La maîtresse ne doit pas être très sociable, puisqu'elle refuse systématiquement les invitations des enfants. Vous serez néanmoins surpris d'apprendre qu'elle a été invitée aux 90 ans de Pépé Jean, à la fête de Noël du CE de votre entreprise et en vacances à Berck-sur-Mer avec votre belle-mère.

La noyer sous les compliments

Au cours d'une carrière, la maîtresse aura été aussi belle qu'un rayon de soleil, qu'un cœur ou que la voiture de Tonton Guy qui a presque la même que Oui-Oui. Elle sent bon les nouilles-saucisses et elle s'habille comme une princesse (même le jour où elle va à la ferme).

Travailler dans le calme

Puisque la maîtresse enseigne des choses, la meilleure façon de devenir le chouchou, c'est de bien travailler. Dans le calme, elle préfère ? Alors en hurlant aux autres de ne pas faire de bruit pour ne pas énerver la maîtresse. Quitte à se lever pour leur hurler de se taire. Là, c'est sûr, elle va le remarquer !

LES 10 COMMANDEMENTS

du parent d'élève relou

1 Tu habilleras ton enfant avec des vêtements de marque sans les étiqueter et te plaindras tous les soirs parce que son pantalon qui a coûté un bras est troué et que tu ne retrouves plus le bonnet en cachemire acheté la veille.

2 Tu glisseras le matin dans ses poches des bonbons/jouets alors que c'est INTERDIT et qu'il se les fera confisquer.

3 Tu accompagneras ton enfant dans sa classe et regarderas tous ses travaux alors que le règlement indique qu'il faut déposer les enfants devant la porte, uniquement.

4 Tu essaieras de choper la maîtresse tous les matins et/ou tous les soirs pour tenter d'avoir des infos toutes fraîches.

5 Tu enseigneras en douce la lecture à ton enfant de 3 ans et lui parleras dans un anglais vraiment approximatif pour qu'il « ait les bases dès le plus jeune âge ».

6 Tu accompagneras ton enfant en sortie scolaire sans te soucier le moins du monde des autres enfants de la classe.

7 Tu poseras des questions sans intérêt aux réunions parents-prof.

8 Tu feras prendre le petit déjeuner à ton enfant sur le chemin de l'école.

9 Tu arriveras systématiquement en retard le matin et le soir.

10 Tu ne connaîtras aucun des prénoms des enfants de la classe.

— LES 10 TYPES DE PARENTS —

prêts à tout pour faire la sortie de fin d'année

Pendant une année scolaire, il y a deux types de sorties : celles qu'on veut absolument louper (la piscine par -34 °C en plein hiver, la ferme gadoueuse, la marche en forêt pour trouver des escargots, etc.) et celles qu'on aimerait bien faire, comme la sortie de fin d'année, qui est plus sympa et plus... estivale. Sauf que, bizarrement, nous, les parents, on a tous les mêmes envies. Si certains n'en font pas une montagne, d'autres usent de stratagèmes impressionnants pour intégrer la liste des accompagnants...

1 Le parent qui a de la mémoire. « Moi, j'ai accompagné les sorties piscine, où personne ne voulait aller, hein, vous vous rappelez ? Je mérite une récompense, non ? »

2 Le parent autoritaire. « Je m'inscris pour cette journée."

3 Le parent chanteur. « De toute façon, j'ai déjà pris mes dispositions pour venir à cette sortie. »

4 Le parent attentionné. « Vous avez décidé qui accompagnait ? Oh ! Je vous ai rapporté un gâteau... C'est le p'tit, il voulait. »

5 Le parent-enfant. « Han ! La ferme pédagogique ! J'ai toujours rêvé d'aller à la ferme ! Moi, maîtresse, hein ! »

6 Le parent convivial. « Ma femme, ma belle-mère et moi, on peut accompagner. Avec Pépé. »

7 Le parent amoureux. « Ça serait génial de passer une journée avec vous, Maîtresse. »

8 Le parent procédurier. « Si je ne suis pas pris, j'appelle l'inspection. »

9 Le parent balance. « Vaut mieux pas demander à Madame S. de venir. Elle a failli perdre un môme, la dernière fois. Moi, en revanche... »

10 Le parent-tape l'incruste. « Ah ? Y'avait une liste d'accompagnateurs ? Bah, maintenant que je suis là... »

Parfois, c'est à se demander s'il ne faudrait pas prendre un bus pour les parents !

LES 10 COMMANDEMENTS
du jeune écolier relou

1 Tu te feras convoquer par le directeur au moins une fois par mois pour avoir uriné dans la cour de récréation.

2 Tu perdras tous les capuchons de tes feutres.

3 Tu ruineras la séance de sport parce que tu as été éliminé au jeu du « facteur n'est pas passé ».

4 Tu taperas tes camarades s'ils ne veulent pas te prêter la petite voiture verte.

5 Tu mangeras uniquement du pain à la cantine.

6 Tu te mettras de la pâte à modeler dans le nez et dans les oreilles.

7 Tu auras de la morve plein le nez et tu ne penseras jamais à te moucher.

8 Tu pleureras pendant les six premiers mois de l'année scolaire (même en grande section).

9 Tu déchireras les livres choisis à la médiathèque.

10 Tu ne raconteras jamais ce qui s'est passé à l'école et feras mine de ne rien y apprendre. Ce qui se passe dans la cour de récré reste dans la cour de récré (*Very Bad School*).

Estéban, tu veux bien te ranger deux par deux avec moi ?
D'accord... mais ça mérite bien DEUX cartes Pokémon® !

QUIZ

Votre enfant se fait embêter, que faire ?

L'école maternelle est une mini-société remplie d'enfants qui se découvrent eux-mêmes et qui peuvent passer rapidement de la joie à la colère, du jeu à la bagarre. Alors, un jour, Bichon d'amour reviendra en vous disant qu'il a été embêté dans la cour. Mais qui a commencé ? Que s'est-il vraiment passé ? Il va falloir gérer. Quelles sont les bonnes et les mauvaises réactions ?

- Aller coller votre poing sur le nez du petit de 4 ans qui s'en est pris à Fiston : **0/10, mauvaise réaction.**

- Dire à votre enfant de coller une beigne en retour : **5/10. On sait que ce n'est pas bien, mais on a tous envie de le dire, quand même, à un moment donné... Excusé.**

- Dire à votre enfant de ne pas se laisser faire et de le dire aux adultes présents : **10/10, bien sûr.**

- Se pointer aux heures de récré devant la cour de l'école muni d'un mégaphone pour surveiller les éventuels assaillants : **3/10.**

- Se mettre à hurler devant le portail de l'école que le premier qui touche aux cheveux de Marcel-Charles-Edouard aura affaire à vous : **0/10, vous risquez de passer pour l'hystérique de service.**

- Aller voir la maîtresse pour savoir ce qui s'est vraiment passé : **10/10, d'autant que c'est peut-être votre enfant qui a commencé !**

- Appeler l'inspection pour qu'ils vous accompagnent à l'école et mènent l'enquête : **0/10... On va peut-être attendre un peu !**

BON POUR

ne pas culpabiliser
d'avoir laissé
votre enfant
à la cantine

***

5 CONSTATS

qui nous poussent à laisser notre enfant à la cantine

De deux choses l'une : soit on n'a pas le choix, on doit laisser son enfant à la cantine, et on culpabilise en se disant qu'il serait quand même bien mieux à la maison avec nous. Soit on a le choix et, franchement, on meurt d'envie de le laisser à l'école (tout en culpabilisant, bien sûr). Mais culpabilité est mère de stress inutile. En cinq constats, voici pourquoi la cantine, c'est bien.

Constat n° 1 : quand on doit aller chercher ses gosses le midi, autant rester à commérer sur le trottoir, ça ne vaut pas le coup de rentrer ; à peine arrivé, c'est déjà l'heure de repartir (presque).

Constat n° 2 : quand les gosses aiment la cantine, si on vient les chercher le midi, ils le vivent comme une punition. Alors autant jouer la carte de la bienveillance !

Constat n° 3 : en les ramenant à la maison le midi, il y a des chances pour qu'ils ne veuillent pas repartir à l'école après le repas. C'est comme s'ils allaient à l'école deux fois par jour, c'est insoutenable, non ?

Constat n° 4 : les activités périscolaires, mais sur temps scolaire (oui, on s'y perd), sympas, elles sont... le midi. Ah, bah oui ! Si l'enfant ne déjeune pas à la cantine, il n'y participe pas. Et nous, ce qu'on veut, c'est qu'il s'é-pa-nou-isse.

Constat n° 5 : l'enfant qui rentre déjeuner à la maison joue, est excité, s'énerve... et ne nous donne qu'une envie : le ramener à l'école. Autant nous éviter de hausser le ton, non ?

Constat n°6 : l'enfant mange sain et varié à la cantine alors, aucune raison de culpabiliser s'il mange des pâtes tous les soirs et refuse de manger des petits pois et des courgettes. En plus, avec l'entrain des copains à la cantine, il risque de les manger les petits pois... ou de faire des catapultes avec !

Constat n ° 7 : ils préfèrent les boulettes d'agneau à la tomate de la cantine que les nôtres... Bon, c'est peut être normal, vu que le soir, on est crevé pour faire des boulettes d'agneau à la tomate !

LES GRANDS MOMENTS DE SOLITUDE
du parent face à l'instit'

Il y a certaines choses qu'on préférerait garder pour soi, dans le cocon de son foyer. Seulement, quand on a des enfants, ce n'est pas possible. Même nos paroles les plus innocentes, une fois transformées par l'innocence enfantine, peuvent nous mettre à mal. Mais, promis, avec ce florilège des pires moments de solitude du parent face à l'instit', vous vous sentirez moins seul.

« La prochaine fois, ça serait bien que Marie-Rose ait une culotte.
– Dans son sac de rechange ?
– Nan, sous ses collants. »

« Aujourd'hui, votre enfant a chanté Vive le vent en classe.
Sauf que les paroles étaient "Vive le vent, vive le vent, vive le vendredi, ma maman, elle est bourrée, et mon papa aussi." »

« Louis Gontran a baissé son pantalon et son slip avant de faire pipi, c'est bien. Dommage qu'on ait été dans la classe et non aux toilettes. »

« Aujourd'hui, au spectacle de l'école, l'animateur a demandé aux enfants de citer un fruit amer et il a donné en exemple le citron. Et votre fils s'est levé pour hurler : "Ah oui, le citron vert... avec de la menthe, c'est pour faire des mojitos !" »

« Je suis contente que votre fille se sente à l'aise à l'école. De là à se mettre en petite culotte en classe, c'est peut-être légèrement exagéré ! »

Moi mes parents ils travaillent dans l'érotique!
QUOI?!
Oui, ça veut dire qu'ils fabriquent des avions...
ABC..
123..
123
456
* aéronautique

— COMMENT —
passer pour un parent parfait à l'école

On s'en fiche, de ne pas être un parent. Mais parfois, pour rabaisser le caquet de ceux qui se targuent de pouvoir revêtir l'écharpe de « Meilleur Parent of the World », on se la jouerait bien au-dessus du lot. Grâce à ces quelques exemples assez faciles à suivre, vous verrez le regard des autres parents changer. Tiens, c'est de l'admiration ou de la jalousie, chez celui-ci ?! Au passage, vous pourriez également devenir un parent modèle aux yeux de la maîtresse !

Faire croire que : « C'est moi qui l'ai fait ! »

Un peu comme dans la vieille pub. Mais en plus subtil. Exemple : mettre de la compote en pot dans les gourdes pour compotes maison. Hop ! Ni vu ni connu.

« Oui, j'ai fait de la compote pommes-myrtilles. Le plus difficile, ça a été de cueillir les pommes en haut de l'arbre (bio), mais ça me fait de l'exercice au grand air. »

Laisser entendre que c'est la maîtresse qui a perdu le cahier de correspondance

Il doit bien être quelque part, ce putain de cahier de liaison, hein ? Sous le linge sale ou le canapé. Mais comme ça fait trois fois que la maîtresse le réclame et qu'elle a affiché le prénom de Bibounet sur la porte, à la vue de tous, c'est le moment de prendre votre air le plus bienveillant (oui, encore) et, d'un ton néanmoins légèrement offusqué, de signaler que si, vous vous rappelez parfaitement l'avoir rendu, ce cahier. Profitez-en pour souligner que c'était le jour où l'écharpe du petit a été perdue. Concluez avec un léger sourire que, vraiment, vous comprenez qu'elle puisse être débordée.

Offrir un cadeau à la maîtresse en laissant entendre que c'est artisanal et que ça ne vous a pas pris trop de temps

Bien évidemment, utilisez un cadeau qu'on vous a déjà offert et que vous n'aimez pas spécialement (un de Belle-Maman, tiens, par exemple). Mieux, laissez entendre (devant des oreilles attentives) que vous l'offrez de la part de tous les parents d'élèves.

Mythonner

Mon fils ? Oui, il sait compter jusqu'à l'infini (et l'au-delà). Comme il est timide, vous ne l'entendrez pas, mais vous verriez comme il compte à rebours ! Je l'ai inscrit au cours de chinois, mais la prof était nulle. Oui, il m'amène le petit déj au lit tous les matins. Moi ? AUCUN souci d'autorité. C'est parce que j'utilise la méthode de Nietzsche. Hum, oui, Mazlish. C'est le même courant. Vous ne connaissez pas (prendre un air contrit et bienveillant) ?

Note : ça ne sert à rien, mais ça fait du bien.

Faire des gâteaux quand les copains des enfants viennent

(Mieux, les commander avant. *Cf.* le premier point.) Prévoir des activités de dingue. Juste pour entendre à la fin : « J'veux pas partir, moi, elle est trop géniale la maman de Bill-Raoul ! » Regarder la maman avec bienveillance, sourire et ajouter : « Ooooh, voyons, on a fait trois fois rien ! » (En revanche, à ne pas faire trop souvent, c'est crevant.)

PETITS MEURTRES
entre parents d'élèves

Il est 16 h 27. Pour une fois, tu es à l'heure. En revanche, contrairement aux autres mamans et nounous, tu n'as pas acheté de pain au chocolat. Heureusement, dans ton fourbi, il y a toujours un vieux paquet de Paille d'Or® qui traîne. La mère de la petite Nina-Thérèse déboule en trombe, la mine déconfite. Avec un ton hyper-sérieux, elle te prend à part et te dit : « Nina a beaucoup de peine, votre fille lui a dit qu'elle ne voulait plus être sa copine et que sa robe était moche car elle ne tourne pas. C'est vrai ? » Là, trois options s'offrent à toi, tu peux la jouer :

Mère compréhensive

« Comment ? Ma fille aurait dit ça à la vôtre ? Ça m'étonne, car elle m'a demandé de l'inviter mercredi après-midi à la maison pour jouer. Oh, vous savez, les enfants, c'est toujours comme ça. Un jour ils disent blanc, le lendemain, ils disent noir et le surlendemain, ils disent arc-en-ciel. Ça va leur passer. En tout cas, je suis sincèrement désolée si ma fille a fait de la peine à la vôtre. Il est fort probable que ce petit incident sera oublié dès demain. »

Mère qui rentre dans le jeu

« Alors justement, je suis ravie que vous veniez me voir, car il paraîtrait que votre fille a traité la mienne de bébé Cadum, ce qui nous a valu 30 minutes de discussion hier soir pour comprendre ce qui s'était passé. Effectivement, ma fille aurait dit à la vôtre que sa robe était moche, mais la vôtre avait commencé en la traitant de bébé. Je vous propose de fixer un rendez-vous avec la maîtresse afin qu'elle prenne conscience de la gravité de la situation et qu'elles soient séparées en classe. »

Mère sans filtre

« Ma fille a dit à la vôtre qu'elle n'était plus sa copine ? Rassurez-moi, ça vous a juste empêché de dormir ou c'est pour me faire perdre mon temps ? Si vous n'avez vraiment rien à faire de vos journées, passez à la maison, j'ai une pile de linge à repasser aussi grande que la dune du Pyla. Vous savez, si je devais prendre au mot tout ce que ma fille me dit, il faudrait lui acheter une licorne en guise d'animal de compagnie et nous partirions vivre au pôle Nord, car le Père Noël y habite avec des petits lutins verts. »

DES EXCUSES
pour louper l'école ?

En petite section, dès le deuxième jour, l'enfant est capable de dire : « Quoi ? Y'a ENCORE école ?! Mais j'y suis déjà allé, non ?! » Par la suite, voici un certain nombre d'excuses qui sortent vraiment de la bouche des enfants (il paraîtrait donc que ça s'apparente à la vérité...).

Top 1 de l'excuse pour louper l'école : la maladie de derrière les fagots

« Peuf, peuf, peuf [bruits de toux surjoués]. T'as entendu comme je tousse ? »

« J'ai mal. Aux, euh... aux cheveux. »

« J'ai de la température, hein ? Touche mon front. Si, j'en ai. »

« Je crois que je vais vomir. Si, attends, juste après la fin du dessin animé. »

Top 2 de l'excuse pour louper l'école : le vieux mytho tout naze (mais bien tenté)

« Non, il n'y a pas école demain. La maîtresse nous l'a dit, mais c'est un secret. »

« Oh, c'est pas la peine d'aller à l'école. C'est fini pour auzourd'hui. » (À 8 h 12, normal.)

« Le maître est malade. » (Ah, le maître a envoyé un SMS ?!)

« J'ai pas le droit d'aller à l'école. »

Top 3 de l'excuse pour louper l'école : la météo

« Han ! Il pleut, on peut pas aller à l'école, la maîtresse ne pourra pas venir. »

« Il pleut, maman... Si je vais à l'école, je vais tomber malade. »

« Quand y'a trop de soleil, on fait que de la récré, c'est pas la peine d'y aller. »

« Il neige ? On n'a le droit d'aller à l'école qu'en luge, et nous, on n'en a pas ! »

« Le soleil dort encore, alors pas d'école, tous au dodo ! »

Top 4 de l'excuse pour louper l'école : assumer, avec aplomb. Dans le doute...

« Ah nan, pas ce matin. J'ai pas envie. »

« Non, ça va, merci. J'y suis déjà allé hier, ça suffit. »

« On va pas y aller toutes les semaines, quand même ? »

« Tu travailles pas, toi. Bah moi, j'y vais pas non plus ! »

« Ça sert à rien, on est vendredi ! »

Top 5 de l'excuse pour louper l'école : la culpabilité

« Mais maman, regarde, mon corps est encore trop petit, je peux pas aller à l'école... »

« Maman, je t'aime. Alors, je veux rester avec toi. »

« Je dois rester avec toi, car sans moi, tu vas être trop triste... »

BON
POUR
une panne d'oreiller
en semaine

10 EXCUSES
pour partir en vacances pendant le temps scolaire

Pas besoin de tergiverser, tout le monde le sait : partir hors vacances scolaires, c'est mieux. Parce que d'une, c'est moins cher, et que de deux, on n'est pas serrés comme des sardines, au fond de cette boîte. D'ailleurs, la maîtresse AUSSI en est convaincue. Mais comme ELLE, elle ne peut pas partir hors vacances scolaires, elle risque de ne pas être d'accord si vous lui annoncez que vous partez aux Seychelles alors qu'elle est coincée à l'école. Alors il va falloir ruser. Lumière sur le top 10 des excuses valables (ou presque).

1 « Chère maîtresse, j'ai lu que l'école maternelle n'était pas obligatoire. Alors, on a décidé que ça serait le cas cette semaine. »

2 « Je me tâte vraiment à lui faire l'école à la maison. Afin de m'aider dans ce dilemme cornélien, je prends Rosalie-Gwendoline avec moi une semaine, au camping des Flottaisons Vertes, pour voir comment ça se passe. Je vous tiendrai rapidement informée de ma décision finale. »

3 « Amédée-Lou a eu la varicelle. Oui, comme l'année dernière. Pfiou. Le sort s'acharne, je sais. Pour la peine, on en a profité pour aller à Perlimpinpin-sur-Mer, l'air est bon, pour les boutons.

4 « Je viens d'apprendre que les poux étaient de retour. On reviendra quand ils seront partis, merci de nous tenir informés. »

5 « Chair Mètress. Sete cart paustal pour 2 dir ke tou va bien à la mèson de laucassion. Caume tu vois, je fais de l'écrithure. Je recaupi se ke papa a ékri. A bientaut. »

6 « Madame, je tiens à vous signaler que nous sommes en grève par solidarité avec vous. Mais comme on est plus malins, on a regroupé tous les jours sur la même semaine histoire de partir à la neige. Syndicalement vôtre. »

7 « Le programme, c'est bien. Mais on veut aussi que le p'tit, il apprenne la vie. Nous partons donc tondre des moutons dans le Larzac, pour lui montrer qu'il faut travailler dur à l'école. On vous le ramène plus motivé que jamais. »

8 « Comme j'ai vu dans le couloir que vous travailliez sur les pays du monde, on s'est dit qu'on allait lui en montrer un au hasard, histoire que ça ne soit pas que de la théorie. On a pointé la Sicile. »

9 « Ma chère madame Bidule, j'ai bien vu à la sortie des classes que vous étiez éreintée. Gustave est pénible, on le sait. 30 élèves par classe, en plus, c'est bien trop. Alors, pour pas que vous nous claquiez dans les pattes comme la dernière remplaçante, on a décidé de vous faire un petit cadeau. On vous débarrasse du gamin toute la semaine prochaine. Ne nous remerciez pas, on le fait parce qu'on vous aime bien. »

10 « Je me suis trompée dans les dates en réservant le chalet. Comme je ne peux plus faire machine arrière, Kévin-Mohammed sera absent. On vous rapporte une marmotte qui siffle, d'accord ? »

Allez, ça, c'est fait. Place aux valises !

— LE BEST OF —
des pires cadeaux d'enfants

Il y a le tristement célèbre collier de nouilles. Mais il y a aussi les autres. Ces cadeaux estampillés « faits avec le cœur » (et beaucoup trop de colle) que les enfants nous rapportent de l'école et devant lesquels il va falloir s'extasier, quelques minutes. Autant le savoir, ça peut faire mal. Voici les pires exemples, histoire que, finalement, vous soyez presque ravis en découvrant les vôtres.

- **Un cendrier en pâte à sel.** Ils ne leur ont pas appris, aux maîtresses, que fumer tue ?

- **En fait, quoi que ce soit en pâte à sel.** C'est quand même sacrément laid. Heureusement, ça se casse.

- **Un porte-clés en plastique.** On n'en peut plus, des porte-clés. Surtout quand il est en forme de voiture pour papa et d'aspirateur pour maman. Stop. Trop, c'est trop.

- **Un porte-crayon en papier toilette.** Ouais, super. Ça va faire classe, dans l'open space.

- **Un porte-photos AVEC la photo de Chouchounet d'amour.** Ce qui pourrait être classe, si ledit Chouchounet ne tirait pas une tronche d'enterrement sur la photo. Avec une crotte de nez qui dépasse et une tache sur le haut du pull.

- **Un… euh… mais c'est quoi, ça ?** Un objet non identifié, donc. L'instit' aurait pu fournir un titre avec, quelque chose, non ?

- **Des boucles d'oreilles créées en ciment dans un fond de pot de yaourt.** 12 kg au bas mot, le bijou. On perd un morceau de lobe à chaque fois.

- **Une boîte de camembert customisée avec du papier crépon.** Ça pourrait presque être un cadeau utile, si le couvercle n'était pas collé avec la boîte. Cool, on va pouvoir la faire, euh… rouler ?

- **Un dessin de nous, sur un tableau à accrocher.** Euh, la boule, c'est… mon ventre ? OK, au régime !

LES 10 COMMANDEMENTS
de la maîtresse

1. Toujours souriante et bienveillante, elle sera.

2. Les microbes, elle écartera.

3. La grève, elle évitera.

4. Aucun anniversaire, elle n'oubliera.

5. Les livrets scolaires, elle remplira.

6. La morve, ça ne la débectera pas (mais les mouchoirs en papier, elle fournira).

7. Des poux, elle se fichera (mais de produit à la lavande, elle s'aspergera).

8. Des critiques, elle se moquera.

9. De l'inspection, elle ne flippera pas.

10. De l'école, elle ne partira pas.

La maîtresse,
pendant ses vacances...

... elle fait du rattrapage de microbes !

VIS MA VIE D'INSTIT :

le son {i}

Pour les besoins de ce guide, l'équipe des parents imparfaits a réussi à s'infiltrer en classe afin de vivre les coulisses d'une leçon en grande section. Les enfants, regroupés sur le tapis autour de la maîtresse, attendaient avec impatience de découvrir le son {i} Suivons cette folle aventure :

La maîtresse, large sourire et voix enthousiaste :

« Avant de commencer le jeu avec des mots, nous allons essayer de réfléchir : entend-on le son {i} dans quelques prénoms de la classe ? »

Annie (lève le doigt avec passion et frénésie)

« Ouiiiii!!!! Dans,... euh, dans PANTALON ! »

La maîtresse, large sourire qui s'est à peine crispé :

« Non, Anniiiiiiiiiiie. PANTALON, ce n'est pas vraiment un prénom. Enfin, jusqu'à 2017, je ne l'ai jamais entendu. Un prénom, tu sais, c'est la façon dont on s'appelle. Comme Kévin, Jason, Kimberley ou Annie. Et puis, dans pantalon, on n'entend pas le iiiiiiiiiii. Alors Anniiiiiiiiiiie, une idée de prénom avec le son iiiiiiiii ?»

Relevage de doigt frénétique de la part d'Annie, tandis que Louis-Gontran tente de coller sa crotte de nez sur le pull de Samantha.

Annie : « VAISSELLE ! »

La maîtresse, qui cache le sourire crispé :

« Anniiiiiiie, je crois que tu n'a pas compris, le coup du prénom. Et puis, de toute façon on entend iiii dans « vaisselle » ? Non non non ! »

Moue dubitative d'Annie, qui hurle sans attendre son tour de parole : « BALEINE. »

Sourire très crispé de la maîtresse (avec regard vers ses bourrelets) :

« Anniiiiiiie, tant piiiiiiiiis, on va demander à quelqu'un d'autre. Amiiiiiiine, comment tu t'appelles ? »

« Amine »

« Très bien Amiiiiiiine ! Alors, dis moi, connais tu un prénom avec le son iiiiiii ? »

« Non. »

« Ah, tu es sûr ? Bon, Sophiiiiie, à voir comme tu te trémousses, tu as une idée, toi… Dans quel prénom entend-on le son iiiiiiiii ?»

« ZIZI »!

Après 10 minutes de fou rire général, la maîtresse a congratulé Sophie pour avoir trouvé le son iiiii dans « zizi ». Et a sonné l'heure de la récré.

Les élèves ont crié qu'ils avaient envie de faire piiiiipiiiii… On est en bonne voie pour le son {i} !

Expérience tirée d'une vraie séance en classe. L'enseignante est actuellement sous Lexomiiiiiiiiil.

— 15 JEUX INCONTOURNABLES —
dans la cour de récré

Driiiiiiiiiiiiiing c'est l'heure de la récré ! Vous souvenez-vous de vos récréations à l'école maternelle ? Non, pour la plupart d'entre vous. Et pourtant, il s'en est passé des choses... Rien n'a vraiment changé sous le préau sauf peut-être les règles du chat bisou qu'on fait désormais avec la langue dès 4 ans. On rigole, hein !

Plouf Plouf

Tous les enfants sont accroupis en cercle avec un pied au centre de façon à ce que toutes les pointes des chaussures se touchent. Le but est de désigner le gagnant, avec un semblant de hasard, en éliminant successivement tous les autres. Les comptines les plus connues de ce jeu : Am Stram Gram, Une balle en or, Un petit cochon pendu au plafond, Je fais de la bouillie pour mes petits cochons et notre préférée : Une vache qui pisse dans un tonneau c'est rigolo mais c'est pas beau.

Cap ou pas Cap ?

Le principe est simple : on doit dire si on est cap ou non de faire quelque chose qu'un copain nous demande de faire. Cap d'aller dire à Germaine-Louise que t'es amoureux d'elle ? Pas cap de manger des fourmis pour le déjeuner ? Tiens, et si on leur demandait ce soir la même chose ? Cap de ranger ta chambre en 3 minutes ? Pas cap de te laver tout seul les dents ce soir ? On peut tenter !

123 Soleil

Un meneur tape trois fois sur le mur en disant « 1-2-3 Soleil ». Lorsqu'il dit « Soleil », il se retourne. Pendant le temps où il ne regarde pas, les autres joueurs s'avancent le plus vite possible. Ils doivent s'immobiliser lorsque le meneur se retourne. Le jeu continue jusqu'à ce qu'un des joueurs touche le mur sans se faire remarquer.

Trois Petits chats

Jeu de main accompagné d'une chanson en laisse. Elle se chante à deux en pratiquant en même temps des jeux de mains. La comptine est totalement absurde car chaque nouveau mot commence par la syllabe qui finit le mot précédent. « Trois petits chats, trois chats, chats, chats, chapeau de paille, chapeau de paille, chapeau de paille, paille, paille... Paillasson Paillasson paillasson son son son Somnambule... »

La balle au prisonnier

Deux équipes l'une contre l'autre avec leur prison respective. Il ne faut pas se faire toucher sinon on se retrouve prisonnier dans le camp adverse. On ne peut revenir dans le jeu que si à son tour on arrive à toucher un joueur de l'équipe adverse qui devient prisonnier dans l'équipe adverse et nous délivre.

L'épervier

On désigne un épervier, les autres joueurs se placent à un bout du terrain. Au signal du départ, les joueurs doivent traverser le terrain sans se faire toucher par l'épervier. S'ils sont touchés, ils deviennent prisonniers et ne peuvent plus bouger. Le dernier joueur qui réussit à traverser le terrain sans se faire toucher est le vainqueur.

Le chat glacé

Le chat tente d'attraper les souris. Une fois touchées, les souris s'immobilisent et une autre souris encore libre doit passer entre leurs jambes pour les délivrer.

La tomate

Les joueurs forment un cercle et chaque joueur écarte ses jambes jusqu'à ce que ses pieds touchent celles du voisin. Le but est de réussir à faire passer le ballon entre les jambes écartées des autres joueurs, seul moyen de les éliminer. Grâce à leurs mains jointes, les joueurs forment une arme qui permettra de lancer le ballon entre les jambes de leurs camarades tout en défendant le passage entre leurs propres jambes.

Le jeu du facteur

Les enfants sont tous assis en ronde, sauf un enfant désigné comme le facteur. Tous chantent, les yeux fermés, la comptine « Le facteur n'est pas passé, il ne passera jamais Lundi, mardi, mercredi, jeudi, vendredi, samedi, dimanche. » Pendant ce temps, le facteur tourne autour du groupe en marchant et dépose un objet derrière l'un de ses camarades. À la fin de la comptine, l'enfant qui a reçu l'objet déposé dans son dos se lance à la poursuite du facteur qui devra faire le tour du cercle et s'asseoir à la place laissée vide sans être touché.

Colin-Maillard

Le joueur qui a les yeux bandés tourne sur lui-même autant de fois que la valeur de son âge. Puis il doit ensuite attraper les autres joueurs qui gravitent autour de lui et les reconnaître ensuite en les touchant.

Cache-cache

Pas toujours facile de se cacher dans la cour de récré, sous un banc, aux toilettes, derrière un arbre jusqu'à ce que le copain qui ait compté jusqu'à 20 se hâte de nous chercher.

Dans ma maison sous terre

Tous les enfants sont assis en ronde et tapent dans la main de leur camarade à côté en chantant une comptine. À la fin de la chanson, le dernier camarade doit tenter de taper sur la main de son voisin. S'il réussit, alors le camarade est éliminé, s'il échoue, c'est lui qui est éliminé et la ronde se ressert jusqu'à ce qu'il n'y ait plus qu'un vainqueur.

Jacques à dit

Le meneur de jeu donne des ordres aux autres joueurs. Ceux-ci doivent lui obéir que lorsque l'ordre est précédé de la formule «Jacques a dit ». Celui qui exécute un ordre non précédé de la formule ou qui n'exécute pas un ordre précédé par la formule est éliminé. «Jacques a dit les doigts dans le nez »

— DANS LA PEAU —
d'un accompagnateur à la piscine, minute après minute

Vous vous êtes laissé avoir par les yeux de chat implorants de la maîtresse et par les demandes insistantes de votre Bibounet d'Amour, et vous avez passé l'agrément pour les accompagner à la piscine. Maintenant, vous stressez un peu. Comment vont se passer ces séances ?

8 H 25 Vous êtes dans la classe, mais vous avez l'impression d'être dans la fosse le soir d'un concert de Beyoncé. Pourquoi crient-ils tous ainsi ? La maîtresse les calme avec un doigt en l'air, en les excusant : ils sont toujours excités, le jour de la piscine. Vous avez envie de prendre un Lexomil® ou une vodka.

8 H 35 Vous avez l'impression de les avoir déjà comptés à 23 reprises sur les 100 mètres entre l'école et le car.

8 H 40 Comment un élève assis dans un car peut-il perdre son sac ? Mystère et boule de gomme... Vous le consolez tandis qu'un autre manque de vomir à l'arrière. Vous avez envie d'un Lexomil® ET d'une vodka.

8 H 45 Le chauffeur ne pourra pas louper le parking de la piscine, puisque 27 hurlements retentissent : « LA piscine, LA piscine ! » On y est.

8 H 55 Vous ne pensiez pas que c'était si long, d'enlever des chaussures.

9 H 00 Vous vous égosillez : « On range bien ses affaires pour ne pas les perdre ! » Vous avez déjà retrouvé 7 culottes et 5 tee-shirts, et 3 enfants sont à la recherche (passive) de leur maillot de bain.

9 H 05 On en parle, des bonnets de bain ? Non, on n'en parle pas. C'est un cauchemar.

9 H 15 Les enfants claquent des dents et vous avez écopé du groupe « a peur de l'eau » Vous entrez dans la piscine, 4 gamins accrochés à votre maillot de bain. Vous les imaginez en moules accrochées sur le rocher. C'est vous, le rocher. Pourtant, vous n'avez d'eau que jusqu'aux orteils. À ce moment-là, un enfant plonge. Pourquoi ? Quel est son objectif ? Vous vous précipitez aussi vite que vos 4 moules vous le permettent, en hurlant.

9 H 40 Le burn-out vous guette, vous avez évité de peu 6 crises cardiaques. Vous devez avoir 27 cheveux blancs supplémentaires. Il vous faudra un tube de Lexomil® plongé dans une bouteille de vodka.

9 H 45 Il reste 8 slips pour 27 élèves. En revanche, il y a 5 chaussettes en trop. Tout va bien.

10 H 00 La maîtresse vous remercie, souriante : « Ah, ça s'est vraiment bien passé, ce matin ! » Vous doutez de sa santé mentale, peut-être prend-elle du Lexomil® et de la vodka en intraveineuse...

— LES 8 PERSONNES —

que l'on croise à la kermesse de fin d'année

L'enfant scolarisé

« Yeah, méga trop chouette, LA kermesse ! On va chanter, danser, Papa et Maman vont m'applaudir, on va pouvoir courir et sauter partout avec les copains, se maquiller et avoir des cadeaux, et p'têt même qu'on aura le droit de boire du Coca et de manger des frites… Trop bien ! »

L'enfant pas encore scolarisé

« Tiens… ! Mais où est-ce qu'on m'emmène, là ? Rhooooo, une petite piscine ! Des canards ! Des enfants qui rient, qui crient… Ah, bah moi aussi, alors… yeeehaaaaaaaa ! (Y'a pas moyen de sauter dans l'eau ? Nan ? Bon, allez, j'essaie quand même !) »

Le représentant des parents d'élèves

« On a le quota de frites ? Qui a installé la table ? Les lots, c'est OK ? Bon, je finis de mettre en place la piscine pour les canards, les boissons dans les glaçons, et après je file m'occuper d'un stand. Pas trop près des autres parents qui n'en ont pas glandé une et qui, du coup, vont se permettre de critiquer… ! »

Le parent qui n'en a pas glandé une (sympa)

« Oh, génial, extra, formidable ! Ça doit être du travail, non ? »

(Non, à peine.)

Le parent qui n'en a pas glandé une (moins sympa)

« Quoi ?! Faut faire la queue pour acheter des tickets, et ensuite encore faire la queue au stand ? Quoi ?! Il n'y a plus de frites et va falloir attendre ? Quoi ?! Il pleut pour le spectacle ? Nan, mais attends, déjà l'année dernière, ils avaient foiré au niveau du temps, il faisait trop chaud. Et là, il pleut. Vraiment pas organisés, dans c't'école. »

Le parent qui n'en a pas glandé une (inexistant)

« Ah ? Y'avait une kermesse ? Oui, maintenant que vous me le dites, la date me rappelle vaguement quelque chose… Mais bon, y'avait *Koh Lanta* à la télé… »

L'enseignante moyennement investie

« Je tiens à informer les parents de mon absence le jour de la kermesse. En effet, j'en ai rien à carrer et, honnêtement, tenir un ballon pour qu'il soit rasé, ça m'intéresse moyennement. J'suis pas adepte de la foire à Dudu. Et puis en plus, ce soir, j'ai barbec'. Tchuss. »

L'enseignante très investie

« Rhooooo, j'ai un peu le trac, moi. J'suis montée sur ressorts, comme les élèves, en fait. Youhou, les n'enfants, venez à mon stand, on se bidonne bien ! »

« Ah, ce pestacle, ça fait 12 fois que je le vois, mais là, sous la pluie, à moitié foiré... bah, ça me met quand même la larmichette à l'œil. Ils sont beaux, ces n'enfants, non ? Clap clap clap... BRAVOOOOOOOO !!! »

10 FAÇONS
de le traumatiser de l'école

Imaginons que vous êtes très joueur et que vous avez envie de traumatiser à jamais votre enfant d'aller à l'école, que vous avez très envie de lui payer une psychothérapie pendant 12 ans et que vous êtes favorable à l'idée de quitter votre travail pour lui faire l'école à la maison jusqu'au baccalauréat. Alors les conseils qui suivent sont faits pour vous. Sinon, merci de ne pas les suivre (mais de les lire quand même avec intérêt pour faire l'inverse !).

1. Arriver en retard à l'école. Dès le premier jour.

2. Vous engueuler avec la maîtresse.

3. Oublier de venir le récupérer le soir.

4. Lui souhaiter « bon courage » avant de partir. Genre il s'apprête à vivre une journée de prisonnier enfermé à Alcatraz.

5. Pleurer en le déposant à l'école, avec force sanglots, en lui annonçant qu'il va tellement vous manquer.

6. L'obliger à porter une cagoule qui rend les cheveux électriques. En arguant que vous en aviez une, vous aussi. La vengeance, c'est mal !

7. Lui souhaiter une bonne journée pendant que Maman et Papa vont faire du shopping et déjeuner au restaurant.

8. Oublier son pique-nique le jour de la sortie scolaire.

9. L'amener en retard le jour de la sortie scolaire, une fois que le car est déjà parti.

10. Lui dire que s'il n'est pas sage, il dormira à l'école avec la maîtresse.

LE SMS DE LA KERMESSE

Coucou chéri, tu n'as pas oublié que ce soir il y a la kermesse du petit à l'école...

Et merde ! J'ai complètement zappé... j'ai une réunion à 18h !

Tu déconnes, je t'avais inscrit pour tenir le stand de pêche, comme tu voulais !

Bah, ils vont devoir courir après les pigeons à la place.

Tu préviens l'école ?

Heu, c'est-à-dire que je n'ai pas le temps, là. Tu veux pas passer un coup de fil à l'école dans la matinée pour prévenir... ou tenir le stand toi-même ?

Ça ne va pas non ?! Je ne vais pas me taper le petit dans la poussette + le grand qui court partout + le stand !

Ah ouais ? Donc t'es pas la Wonder Woman que tu prétends être en fait ! Je me suis fait avoir, c'est ça ?

WTF ? Privé de dessert ! (c'est moi le dessert au cas où tu avais une hésitation.)

— TOP 10 —
des fiertés parentales de la maternelle

Franchement, si on nous avait dit, avant d'avoir des enfants, qu'on aurait la larme à l'oeil et l'envie de convoquer la presse pour des petites choses insignifiantes, on aurait ri. Mais c'est comme les principes. On les avait avant d'avoir des enfants. Et finalement, ce n'est pas si insignifiant que ça. La maternelle, c'est le moment de toutes les fiertés, des plus saugrenues aux plus folles.

1 — Quoi ? TROIS jours qu'elle a repris l'école, en plein hiver, et elle n'a pas perdu UN SEUL gant ! Vite, une médaille, un trophée ! (comment ça, les gants sont attachés par une ficelle, reliés entre eux ? Et alors, c'est génial quand même, non ?)

2 — D'après la maîtresse, Louis-Alfred s'est parfaitement intégré à la classe. Ce sont ses mots ! CHAMPAGNE ! Resto !

3 — Elle est à l'école depuis seulement trois mois, et voilà qu'elle parle anglais. Chaque soir, elle me dit « goude naille » et « Aïe lauve lou. » Je pense qu'elle pourra nous payer notre retraite, cette petite.

4 — Oui, bien sûr, c'est normal de pleurer à chaudes larmes. Ce spectacle était une telle réussite. Il va être acteur, c'est sûr. Il fait siiiiiiii bien le sapin, dans la forêt de sapins...

5 — Diantre ! Inscrivez-moi ce gosse à HEC ! Il met ses chaussures tout seul ! Oui, entièrement fermées. Hum. Oui, des scratch, et alors ?

6 — Elle est siiiiiiiiii intelligente ! Elle connait tout par coeur ! Si, à chaque fois que les pubs commencent, elle réussit à réciter la fin ! C'est beau, non ?

7 Par rapport à sa camarade Hortense-Eugénie qui a pourtant trois semaines de plus que lui (oui, j'ai photographié les listings avec dates de naissance le jour de la rentrée, pourquoi ?), mon petit Léo-Archibal arrive bien mieux à écrire son prénom ! Il est bien plus fort !

8 Stoooop ! Arrêtez tout ! Elle s'est habillée toute seule ! Oui, la culotte est au dessus du collant et à l'envers. Et le bonnet de bain n'était peut-être pas d'actualité. Mais, c'est l'intention qui compte, non ?

9 Je sens le potentiel artistique de ce gamin. Regardez cette sculpture qu'il a créée. On dirait, on dirait... Oui, de l'art abstrait. Il a l'oeil, c'est évident. (larmichette.)

10 Nan, mais vous avez vu ce livret scolaire ? Vous AVEZ VU CE LIVRET ! Même moi je ne comprends pas ce qui est écrit, et pourtant, il paraît que l'enfant y arrive ! La maîtresse a dit que tout était acquis !

— LES SECRETS —
un peu honteux de la maîtresse (ça la rendra plus humaine)

• Elle attend le début de l'année scolaire avec impatience, juste pour découvrir les nouveaux prénoms chelous des élèves et en rigoler à la récré en buvant son café.

• Elle ajoute 10 minutes à la récré quand il fait chaud et en enlève autant quand il fait froid. C'est statistique (et mieux pour bronzer).

• Elle aussi jette les dessins de ses élèves. Si un enfant demande où ils sont, elle répond avec un grand sourire qu'elle les a emportés à la maison pour les coller sur le frigo (et l'enfant y croit).

• Elle est plus impatiente que ses élèves d'être aux prochaines vacances scolaires. Tout le contraire des parents, en somme. Elle fait même des croix sur le calendrier.

• Elle n'écoute pas toujours les histoires que lui racontent ses élèves et a une technique de sioux pour faire semblant d'en écouter jusqu'à trois en même temps.

• Quand elle fait durer le temps calme après le déjeuner, c'est qu'elle n'a pas fini de digérer (ou qu'ils ont fêté l'anniversaire d'une collègue au champagne en salle des maîtres).

• Elle a des yeux derrière la tête. Enfin, c'est ce qu'elle fait croire aux enfants, alors qu'en réalité, elle sait qui fait des conneries juste en regardant les autres pouffer de rire.

• Elle déteste la morve qui coule et exècre les épidémies de gastro (sauf quand elles déciment la classe et qu'elle se retrouve avec 12 élèves au lieu de 28).

• Elle ne sait jamais en fin de journée à qui elle a confisqué telle bague ou telle petite voiture. Alors elle croise les doigts en espérant qu'on lui demande.

• Elle fait parfois grève juste parce que ça tombe pendant les soldes.

• Elle maudit sur six générations les parents qui mettent des baskets à lacets et des gants à cinq doigts à leurs enfants.

• Elle profite de la photocopieuse (quand elle n'est pas en panne) pour ses documents administratifs personnels.

• Elle est fière comme une maman kangourou quand elle voit ses élèves évoluer. C'est qu'elle les aime, ces chouchous-là !

L'AUTONOMIE DE L'ENFANT
(adieu, bébé)

*L'élève de grande section traverse une pré-crise d'adolescence.
Étant le plus grand de l'école, le voilà qui a des envies de grand.
Et nous, parents, sommes obligés de nous avouer une dure réalité :
ce tout petit bébé qui naissait hier est désormais plutôt autonome.
On a dit adieu au bavoir, au lit à barreaux, à la tétine.
On a un grand à la maison. Autant s'y préparer.
Alors, quels changements observer ?*

- Il aimerait aller à l'école tout seul.
- Il ne veut plus qu'on l'appelle « Mon bébé ».
- Il veut du parfum ou du gel dans les cheveux.
- Il boit son chocolat dans une tasse (mais avec une paille).
- Il choisit lui-même ses vêtements.
- Il dit : « Laisse, je sais faire ».
- Il veut faire pipi comme son papa.
- Il discute avec ses copains dans son téléphone en plastique.
- Il veut faire de grandes fêtes d'anniversaire.
- Il parle de « bientôt, quand je serai au CP », comme s'il allait partir à l'université.
- Il ne veut plus de veilleuse (mais en fait si, quand même un peu, rien que cette nuit).
- Il rêve de soirées pyjama (mais dans sa maison à lui, de préférence).
- Il n'a plus d'ami imaginaire.
- Il raconte des souvenirs de « avant, quand j'étais petit » (le mois dernier, en fait).
- Il veut se laver « comme un grand ».
- Il a quand même besoin de câlins... Ouf, sauvés !

MINISTÈRE DES PARENTS IMPARFAITS

DIPLÔME DU PARENT DE MATERNELLE

Vu le procès verbal de l'examen établi le .... 20... à ...h...,
qui atteste que les épreuves « Rentrée en Maternelle », « Petite Section »,
« Moyenne Section » et « Grande Section » ont été passées avec succès,

le diplôme du Parent de Maternelle est conféré à
Mme .... et M ...., parents de ....

Signature du titulaire

Ministère des Parents Imparfaits

CONCLUSION

« Qui a eu cette idée folle, un jour d'inventer l'école ? »
On est d'accord avec France Gall.

L'école maternelle, c'est à la fois l'enfer et le paradis.
Pour les enfants et pour les parents.

C'est une micro société remplie de mini adultes en devenir, avec des gentils, des méchants, des méchants qui sont quand même un peu gentils et des gentils qui deviennent méchants, parfois.
C'est l'histoire de la vie, comme dirait le roi Lion.

Forcément, ça fait peur. Mais ça fait aussi grandir. Entre le moment où votre pitchounet entrera dans la cour de récré, accroché à votre cou (vos cheveux, parfois aussi) et le moment où il en sortira, trois ans plus tard, pour partir vers d'autres aventures, il aura été transformé.

Physiquement, mentalement, psychologiquement,
il aura grandi, découvert, appris, évolué.

Il se sera fait des amis, quelques ennemis aussi, il aura eu des disputes, des réconciliations, il sera devenu plus adroit, il posera des questions auxquelles vous ne pourrez pas toujours répondre

(« Maman, Papa, comment se créent les arc-en-ciel ?
Pourquoi le réchauffement climatique ?
Ca mange quoi un rhinocéros asthmatique ?
C'est quoi le bonheur ? »)...

Il sera toujours votre tout petit (pour les 97 ans à venir, on est d'accord), mais il ne sera plus non plus, et à jamais, tout à fait le même.

Quelles que soient vos propres expériences de l'école, bonnes ou mauvaises, il se forgera les siennes. Et c'est à vous de l'accompagner, de le guider pour que tout se passe au mieux. Bien évidemment, il y aura des couacs, des enseignants que vous adorerez et d'autres que vous aurez envie de passer à la moulinette, des jours où vous aurez envie de déposer votre Bibounet sur le trottoir 35 minutes avant l'ouverture de la grille tellement vous serez pressé de vous en séparer pour quelques heures, et d'autres où vous soufflerez en entendant le réveil sonner parce qu'on était quand même bien, en vacances...

Il y aura du bon, et du moins bon. C'est l'histoire de la vie (le roi Lion, bis.)

Mais il y aura aussi les nouveaux mots de vocabulaire qui vous laisseront sur le derrière tellement il est devenu intelligent, cet enfant. Bon...
Il y aura aussi les « Caca boudin » et autres « Parle à ma main »
(réplique culte de Terminator, histoire de changer du roi Lion.)
mais ça fait partie des apprentissages !

Courage ! Bébé d'amour n'en a plus que pour 15 à 24 années de scolarité.
Vous verrez, ça passe (bien trop) vite !

Remerciements des auteurs

Camille Skrzynski

Merci à mon homme qui sait me rassurer et me soutenir quand je coule... et même me faire croire que je suis la plus belle alors que j'ai encore mon bide post-accouchement et que j'ai laissé tomber la brosse à cheveux et le maquillage depuis la naissance de Petit Pois !

Merci à ma grande fille d'être si sage, si charmante, si courageuse... je t'aime jusqu'au bout de l'univers (et retour!).

Merci à mon Petit Pois de me laisser dormir la nuit incessamment sous peu !

Merci aux membres de ma famille qui sont mes premiers fans.

Merci à Manon, ma meilleure amie for ever & ever. Tu m'as beaucoup inspiré et aidé par ton expérience d'institutrice ; tu te reconnaîtras certainement à travers ces pages !

Merci à toutes mes super copines d'écouter mes plaintes, supporter mes montées de stress, toujours avoir des paroles réconfortantes et rire comme des fofolles toutes ensemble !

Merci à mes deux co-auteures, Cynthia et Candice, d'avoir laissé vivre ma fibre artistique à travers les années de Maternelle !

Merci à Amélie P. d'être toujours avec nous dans l'aventure !

Merci à Johnny Depp d'arrêter de me harceler de messages langoureux. Je sais que tu es enfin célibataire mais il faut vraiment que tu comprennes que mon cœur est déjà pris !

Merci à tous mes lecteurs et fans car votre enthousiasme à chacun de mes dessins publiés m'encourage à continuer <3

Candice Kornberg Anzel

À mes amis qui sont pour la plupart devenus aussi parents d'élèves et qui m'abreuvent d'anecdotes qui me font mourir de rire. A ceux qui ne sont pas encore parents et qui supportent mes anecdotes de parent au BDR sans broncher. Vos encouragements et votre bienveillance m'accompagnent dans tous mes projets et dans ma vie. Vous avez chacun une place irremplaçables dans mon cœur.

À mes familles imparfaites qui font raisonner les verres de Vodka et les verres de boukha.

À mes parents imparfaits qui m'ont fait réciter mes tables de multiplications, mes poésies, les départements. Je n'ai pas que de bons souvenirs en tant qu'écolière mais je vous remercie d'avoir fait de votre mieux pour que je m'en sorte. Encore désolée de vous avoir piqué 10 francs pour acheter des mister freeze à mes camarades en CP.

À mon frère Benjamin qui n'a pas eu que des profs valorisants dans sa vie scolaire mais qui aujourd'hui peut être fier d'en être là où il est. Et dire que Madame Connasse te disait que tu ne réussirais jamais à rien dans la vie. La vengeance est un plat qui se mange froid tu vois...

À mon homme, Damien qui refusait même de sécher un amphi à la fac alors que je tentais de le débaucher pour faire l'école buissonnière. Heureusement que tu m'as fait réviser mon bac français et m'a presque fait aimer la physique. T'emballes pas, c'est toi qui expliquera quand même à nos enfants les équations à double inconnues.

À Sacha et Adam, mes deux petits élèves imparfaits. Continuez d'être persévérants, attentifs à l'école et curieux de tout mais si possible pas à 6 heures du mat. J'ai hâte que vous puissiez prendre un livre pour découvrir le monde incroyable qui s'offre à vous (et avoir un peu la paix aussi c'est vrai). Je sens que nous allons partager de merveilleuses années à s'arracher les cheveux ensemble devant des problèmes de maths insolubles.

À Monsieur Ventre, mon excellent maître de CM1 qui m'a donné l'envie d'enseigner. Vous avez su me motiver et m'encourager à travailler comme aucun autre enseignant à cette époque. Et c'était pas une mission facile. Vos « bien et beau » m'encouragent encore d'ailleurs.

À mes petits élèves qui m'ont appris à devenir maitresse. Parfois enseigner en maternelle me manque, mais qui sait mon projet d'ouvrir une école différente depuis plusieurs années verra peut être le jour.

À Camille qui m'a fait confiance et s'est lancée avec moi dans cette folle aventure à crayons ouverts depuis plusieurs années. Merci pour ces moments de partage et cette connexion exceptionnelle. On remet ça quand tu veux. Enfin avant qu'Aglaé et Pacôme soit en terminale quoi !

À Cynthia qui est une fille aussi folle que talentueuse. Que j'aurais aimé t'avoir en tant que maitresse. Ca doit être Rock n'roll. Je suis ravie qu'on ait pu réaliser ce projet ensemble, ce n'était pas le premier et certainement pas le dernier.

À Amélie pour sa patience, sa bienveillance, son enthousiasme communicatif et ses mots réconfortants. Tu as toujours les bons mots et c'est un vrai plaisir de travailler avec toi.

À l'équipe de Marabout qui nous a reçu avec un accueil chaleureux et a rendu ce projet concret.

À vous lecteurs et parents imparfaits... Vos messages, vos « j'aime », vos encouragements réchauffent mon cœur chaque jour. Merci pour votre soutien et votre participation active sur ma page FB Parents Imparfaits et sur mon site FamilyDeal depuis 2011. C'est un bonheur d'aller bosser le matin avec le sourire et c'est grâce à vous !

Cynthia Kafka

Merci à vous ...

Merci à tous les enfants qui ont été un jour mes élèves. Peut-être que vos parents, au détour d'une page de ce livre, se diront « Mais elle parle de chouchou, là ?! » (Envoyez moi un petit message pour me rappeler que j'étais la meilleure des maîtresses, ça me fera plaisir.)

Merci à tous les parents imparfaits avec qui je communique chaque jour sur Mamanbavarde et les réseaux sociaux. Ensemble, il est plus facile de ne se pas se sentir seuls et de déculpabiliser. Vous êtes une source d'inspiration et un vrai moteur. Continuez à venir compatir et à vous épancher !

Merci à ma maman, qui voit toujours la coupe de glace à moitié pleine plutôt qu'à moitié vide.

Merci Antoine, mon n'Am, de ne pas t'épuiser de mes bêtises et de me pousser dans tous mes délires, même les plus fous. Graou.

Merci à Marissa et Léandre, mes petits amours, d'être vous, beaux, drôles, enjoués, heureux. (cette déclaration d'amour ne vous empêche pas de ranger vos chambres quand même.)

Merci à vous, les copains d'enfance, d'école, de blog, de vie, de chiottes ou de Bertignac... d'être toujours là. Pour parler, pour écouter, pour conseiller, mais surtout pour délirer (et pour boire l'apéro, la base.) A très vite.

Merci à Candice pour cette opportunité incroyable et pour ta confiance, et au reste de l'équipe des quiches pour ce vieux projet loupé qui a eu le mérite de nous rapprocher.

Merci à Camille de réduire 12 phrases reloues en un dessin extra.

Merci à Amélie. J'avais un peu peur en te rendant les premières pages, ton dynamisme, ta rapidité, ton efficacité et ta bonne humeur m'ont rassurée (et bluffée !). J'espère bien pouvoir t'envoyer encore de nombreux autres documents que tu me renverras parce que j'ai oublié de les convertir en .doc !

Et merci à Marabout d'être les premiers à mettre mon nom sur une couverture de livre. Grâce à vous, je vais rendre fière ma Oma. On recommence quand vous voulez !

Dans la même collection

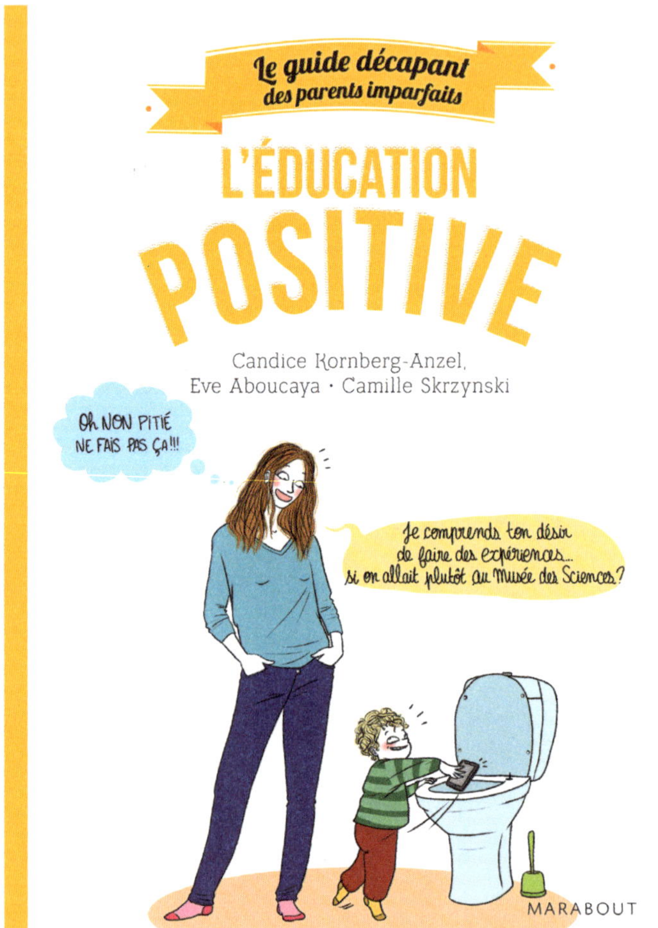

Mise en pages : Cipanga
Imprimé en 2017 chez Macrolibros en Espagne
Pour le compte des éditions Hachette Livre (Marabout)
58, rue Jean-Bleuzen, 92170 Vanves
Dépôt légal : avril 2017

ISBN : 978-2-501-11215-4
8315724
Édition 1